U0813430

行路

一位体育名师成长的心路历程

王德刚◎著

安徽师范大学出版社
ANHUI NORMAL UNIVERSITY PRESS
·芜湖·

图书在版编目(CIP)数据

行路：一位体育名师成长的心路历程 / 王德刚著. — 芜湖：安徽师范大学出版社，2021.6

ISBN 978-7-5676-5013-8

Ⅰ.①行… Ⅱ.①王… Ⅲ.①体育课 – 教学研究 – 初中 – 文集 Ⅳ.①G633.962-53

中国版本图书馆CIP数据核字(2021)第023083号

行路——一位体育名师成长的心路历程 王德刚◎著

XINGLU YIWEI TIYU MINGSHI CHENGZHANG DE XINLU LICHENG

责任编辑：陈贻云　　责任校对：胡志立

装帧设计：王晴晴　　责任印制：桑国磊

出版发行：安徽师范大学出版社

芜湖市北京东路1号安徽师范大学赭山校区

网　　址：http://www.ahnupress.com/

发 行 部：0553-3883578　5910327　5910310(传真)

印　　刷：苏州市古得堡数码印刷有限公司

版　　次：2021年6月第1版

印　　次：2021年6月第1次印刷

规　　格：700 mm × 1000 mm　1/16

印　　张：12.25

字　　数：190千字

书　　号：ISBN 978-7-5676-5013-8

定　　价：42.80元

如发现印装质量问题，影响阅读，请与发行部联系调换。

序

体育名师，师出何方，王德刚老师应是专业性成长的典型代表。他爱读书、爱思考，勇于尝试、乐于付出，高调做事、低调做人，勤动笔、善反思，永不停歇、周而复始，强大了自己，也照亮了别人。

王德刚老师常让体育圈同仁及教育界同僚意外。意外在于，他不但教育情怀高尚、教育信仰坚定，专业操守与专业技能规正，而且教师综合素养与教育科研能力亦非常出众。哲思逻辑、人文情愫、科研写作，实乃才俊。

王德刚老师是个敦实的北方汉子，因毕业成绩优秀，借人才引进政策落户杭州萧山。九年乡村学校的磨砺，五年城镇学校的奋进，六年实验学校的施展，一路走来，有许多心得与经验、辛酸与欢乐、感慨与寄望，想说、需说、要说！相比于论文的结集，这种田野工作式的言说成册，更鲜活、更灵动、更有烟火气，也更容易得到读者的关注与喜欢。

面上说，我是他师辈，曾在省初中体育学科带头人研修班给他上过课。十多年前，偶然看过他在《中国学校体育》《体育教学》杂志上发表的论文，印象深刻，深觉后生可畏、民间出高手。尤其是他的思考深度与文字功夫，让我不知不觉地静下心来，精读文本，细心领教，甘心求学。请允许我采撷书中的几丝生花妙语，先睹为快吧！

——教育，除了最起码的传授知识、培养能力和提升素质，还应该有人格的健全、希望的培育和仁爱的滋养……我们所有教学活动的最大价值，就体现在让困难变成容易，让苦闷变成快乐，让问题变成亮点。因为你们是这个世界最美好的未来。

——如果我们这些区域专业发展的先行者，始终将目光停留在萧山的有限区间内，必然在一段相当长的时期内有碍其他教师发展。这并不是我想看到的发展局面，更不是我作为一位名师的发展愿景。

——不忘初心，方得始终。不要让世俗埋没了灵魂，敢爱敢恨曾是风的季节；也不要让生活掩盖了真美，有声有色恰是春的芬芳。四十不惑，淡是最浓，舒畅就是最应景，最应季！……我开始喜爱校园围墙边错落有致的花草，不单单因为它们见证了我的汗水和快乐，还因为它们总能找到自己的位置，把握花开的季节和颜色。

——我倒是认为，人的价值不是占据了多么显赫的位置，而是在人生道路每个节点的作为。……能得到大家的祝福，天涯咫尺！若失掉一众期望，咫尺天涯！做一位工作生活如意，偶尔被人想起的老师，我心满意足，坦荡无悔！

——四十岁的男人应该有一座城堡，用来守护最爱的东西；也应该堆砌一个灯塔，拉近那些同样喜好光明的人；更应该看到跨越山峦的曙光，让每一天都充满希望……生命的鲜活就在于其灵动，而不是被条条框框所桎梏。能感动人的教育应该是在可见的起点，培育不可限量的理想未来。

我跟德刚先生算是同行知己，他对体育教育事业的热忱与执着，他对同仁及学生的热情与关爱，他对个人专业发展投入的时间与精力，都让我心生敬佩。他的成长历程，堪称“阿甘式”励志版的典型个案，呈现在我的课堂教学与各式讲座中。我曾专门派弟子开展三个月的田野调查，将其作为硕士论文的研究对象。故，为他的教育札记结集出版，鼓而呼。

是为序！

王章明　于浙江师范大学

2021年4月12日

自　序

教育是百年大计，教师是树人之基，是国家教育方针、学校办学理念和学科知识技能对接教学活动的最终实施者。他们教育教学的理念和方法、业务水平和工作实效，对尚处于身心发展中的青少年学生来讲，影响深远，意义重大。

教师作为实现教育百年大计的关键，在入职后经历五年左右的快速成长期、十年左右的事业发展期、十五年左右的教育成型期之后，其整个工作历程中最具有可塑性、发展性和创造性的阶段基本结束，他们最终能成为合格教师、名优教师还是卓越教师，结果各不相同。

面对相同的教育诉求、相近的教学资源、相似的教学对象，教师如何最大化地提升教学效能是永恒的话题。教师不仅要坚持自主学习和创新实践，还要积极向名优教师学习靠拢，学用其方法、鉴取其经验，乃至体悟其反思，知其然再知其所以然，必将青出于蓝而胜于蓝。

从2001年工作开始，我用四年时间获杭州市教坛新秀称号，用十年时间获杭州市萧山区名教师称号，而后三年内我又成为杭州市优秀教师和浙江省学科带头人，成为同行眼中的名优教师。因此，有人学习我的经验方法，借鉴我的研究成果，但很多人并不了解我的深层思考。而本书包含了我对职业认知、教育理念、专业发展等方面的思考，既有个人成长历程的回顾，也有为师处世的经验，更有教书育人的期许。此外，本书还分享了我作为一名中青年教师的教育思索，以及献身第二故乡教育事业的乡愁，较为立体地呈现了一位名优教师成长的心路历程。本书可以作为研究教师专业发展的素材，也可以作为名优教师专业成长的参考资料，还可以作为普通教师提升专业素养的阅读材料。

本书在写作和出版的过程中得到了有关领导、专家和同仁的支持，在此表示衷心感谢。同时，对始终默默关心支持我工作生活的爱人、家人和朋友表示衷心感谢。最后，我还要向一直以来在刊物上、微信公众号和朋友圈里关注、欣赏我并为我点赞的读者表示衷心感谢，你们见证了我的成长和收获。没有这些阳光雨露与生命滋养，就没有这册成长体悟作品的最终面世，再次表示最由衷的感谢。

由于筹划仓促、水平有限和文体宽泛，本书在行文、分编和结集的过程中难免有不足之处，敬请包容谅解和批评指正。

王德刚

2021年5月3日

目　录

第一编　以师之名　为师正名

第二编　爱是教育　爱的教育

行路

第三编　名师之路　行在路上

第四编　人生四十　四十不惑

第五编　师情山水　清欢雅韵

第六编　他乡故乡　梦里乡愁

第一编

以师之名　为师正名

体育太大，自我太小，但我的职业中有你有我。

别人的眼神，是一面镜子。有时刺眼，才会让我们发现缺点。即便艰难前行，也要活出自己想要的色彩。

别人的话语，是一波涟漪。有时汹涌，才会让我们注意修身。即便人海浮沉，也要活出自己应有的味道。

我们怎样，体育就怎样；今天我们怎样，明天体育就怎样。让我们勇往直前，人生就是一场至死方休的行走。

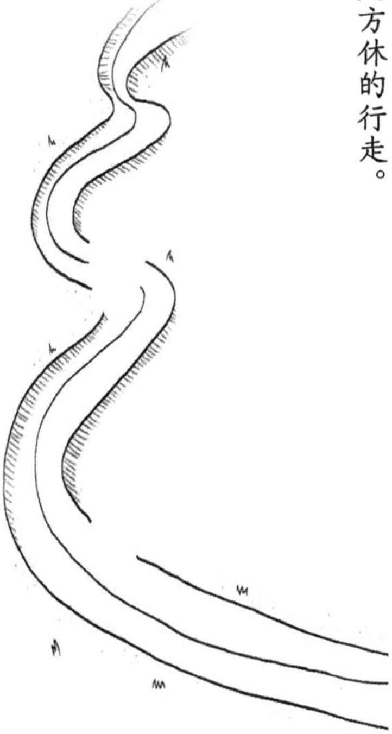

他这些年

一、“知能同育”的教育教学

在教育教学工作中，他努力践行学生知识与能力共同培育的理念。2005年，在萧山区义务教育课程改革巡礼活动中，他执教的《传统武术进课堂》获萧山区优秀奖。同年，他所执教的《让传统武术焕发旺盛的生命力》录像课获杭州市录像课评比活动优质奖。2008年，他执教的《武术绳鞭和跳跃》获杭州市优质课评比二等奖。2009年3月，他在杭州市初中校长“轻负高质”教育论坛活动上执教展示课；同年10月，他为到访萧山的德国学生执教武术课。2011年，他荣获杭州市体育与健康课教学设计一等奖和说课一等奖。2013年，他在杭州市初中体育课堂教学评比中再获二等奖。2016年10月，他执教“白马湖之秋”浙江省名师新课堂展示课。2018年11月，在浙江四地体育名师工作室教学联盟活动中执教名师示范课。多年来，他所教学生的体育成绩始终位居全区前列。

二、“思行合一”的教育科研

在教育科研工作上，他走出了且行且思的教科研之路。他积极进行教育教学研究和实践，在浙江名师网开设王德刚名师工作室，连续担任杭州市萧山区兼职教研员和滨江区名师导航站导师，并先后担任杭州市教育学会中小学体育教学研究会理事和萧山区中小学体育教学专业委员会副理事长。

近年来，他主持了中国教育学会专项资助课题和杭州市教研重点课题，均已圆满结题。2018年4月，他的学术专著《基础教育学生体质健康监测与促进》由北京体育大学出版社出版发行。他撰写的论文在市、区级论文评比中，获一等奖四次、二等奖三次。2010年至2020年的十年间，他有四十余篇论文在《体育学刊》《中国学校体育》《体育教学》《运动》《体育师友》等期刊上发表。

其中，发表在核心期刊《体育学刊》上的《提高初中生“体育、艺术2+1项目”体育技能水平的策略》一文得到全国体育同行的关注和好评。另外，发表于《中国学校体育》上的《课改没有死角——“萧山模式”的初中体育教学改革研究》一文，为在全国初中学校宣传和扩大杭州体育教育的影响发挥了积极作用。

三、“智体共进”的教育特色

在校本教研和特色创建工作中，他倡导学生全面发展的理念。在综合考虑学校、学生以及自身的优势后，他大胆地尝试武术特色教育并取得成功：带领学生两次代表萧山区参加杭州市全民运动会，共夺得四个团体第二名，获7枚金牌、23枚银牌、32枚铜牌；三次参加杭州市全国武术邀请赛，获40枚金牌、18枚银牌，向上级学校输送体育人才数十人。

他连续组织策划了五届武术文化节，得到上级领导和社会各界的一致好评。他还促成他所在的学校成为杭州市武术协会团体会员和萧山区柔道摔跤传统项目学校。2007年，他所在的学校入选萧山区首批体育特色学校（武术），2009年被浙江省教育厅和浙江省体育局联合授予“浙江省体育特色学校（武术）”，2016年被教育部评选为“全国学校体育工作示范学校

(武术)”。《21世纪英语报》《钱江晚报》《体坛报》《萧山日报》、萧山电视台、萧山广播电台等媒体对该校的武术特色和校本创建都作了相关的报道。

四、“献身教育”的教育理想

他在担任校团总支书记期间，努力地把共青团工作推上新台阶，完成上级团组织交给的各项任务。2006年所在学校团总支被评选为萧山区先进团组织。他还义务承担学校的网络维护和计算机维修工作，累计为学校节省资金上万元。2007年至2015年，他还承担萧山区学生体质健康测试数据统计工作，严谨负责，确保了每年上百万条的数据统计无差错。2016年，在浙江省体育教研员余立峰老师的指示下，由他一手创建并负责运营的“浙江中小学体育教研”微信公众号得到普遍认可。他的个人网络学习空间多次被浙江省教育技术中心评为“省级特色空间”。

近年来，他积极发挥名师辐射效应，开展了专业成长、模拟上课、拓展课程、教学理论和论文写作等讲座十余场，足迹遍布浙江省内的杭州、温州、台州、衢州、金华和舟山等地。他通过王德刚网络工作室平台，指导体育教师写作论文和参加教学评比，累计帮助百余人次成功发表论文或获奖。

五、“德行并举”的教育情怀

作为一名外地教师，他难免存在思乡情怀，难免牵挂远方劳碌大半生而身体欠佳的父母，难免为不能很好地照顾家庭而愧疚。他说：“相比较于家人，我知道我的学生更加需要我；相比较于小家，我知道学校这个大家有更多的事需要我去做。我可以把对家人的愧疚留给自己，但绝不可以让学生、学校因我而留下半点缺憾。”

2013年8月，他受聘担任宁夏回族自治区国培讲师，他结合自身成长经历，为参加“国培·中西部项目”的宁夏回族自治区国培教师作了题为《体育教师的自我成长和发展途径》和《有效学习指导》的讲座。2017年12月，他接受《体育教学》杂志社个人专访，该杂志刊发了《探索课堂教学奥妙，谋求教育科研品味》的专题文章，向全国体育同行推介王德刚名师工作室的运行经验。

“无论以后我将扮演怎样的人生角色，我都会努力地工作，学习、实践、反思、奉献。因为我深知荣誉不仅属于我个人，更属于这块热土，我只不过是在恰当的时间、恰当的地点做了一些该做的事。”他说。

致敬教师

体育是这个世界上最好的教育之一。它不但实现了我曾经的梦想，也成就了我今天的事业，让我逐步认清自己，并不断地去努力实现一个个目标。

别人的眼神，是一面镜子。有时刺眼，才会让我们发现缺点。别太在意镜中影像，只要你不认可那是你，就请去重塑更完美的自己。即便艰难前行，也要活出自己想要的色彩。

别人的话语，是一波涟漪。有时汹涌，才会让我们注意修身。别总记着那些波澜，只要你认为那不是你，就请引以为戒、自我警醒。即便人海浮沉，也要活出自己应有的味道。

这世界，没有什么千秋万载，也没有什么恒久不变。所以，我们不能躺在荣誉上，常谈当年之勇。环境瞬息万变，让我们必须保持强大的工作能力，这是提升自身价值的根本。

体育教师具有极强的专业属性。为了满足工作需要和提升专业素养，一名合格的体育教师不仅要在求学期间苦练十八般武艺，而且在参加工作后仍需努力提高基本功。

体育教师具有强烈的规则意识。分秒必争和毫厘必明的工作规范，让他们成为校园里有个性、爱较真、认死理、敢拼搏的教师。因此，我们要难得糊涂，不要太在乎结果，好好享受过程。请别紧盯着人前的名利是非，因为我们不清楚人后的人情冷暖。

人生，就是一场至死方休的行走。在前进的路上，我们会越来越孤独。坚持和无畏，不但会让对手越来越少，甚至连伙伴也会渐行渐远。只有身心合一，拥有强大灵魂，才能以操守德行，成就自我。

请品味那些清苦而又恬淡的日子，因为它能让我们在风雨中斟酌人生。请欣赏那些平凡而又纯粹的灵魂，因为它能让我们在暗夜里寻得光明。

致敬每一位为学校体育事业而辛勤工作的人，特别是那些平凡而向上的一线体育教师！愿每一位执着向上的体育教师，都能达到向往的工作层次和理想的人生境界；愿每一位无私奉献的体育教师，都能够感受到社会的尊重和人生的价值！

绿茵老兵

曾有一位朋友说，“怕再也写不出优美的文字了”，颇有江郎才尽的味道。我曾在心里试问，你会一直拥有人生如梦的自在洒脱吗？抑或你会一直有着岁月如歌的倾诉感怀吗？只是我未发声，他亦没有作答，想必彼此心照不宣！

我曾担心有一天自己会变得麻木和世俗，因为这是成长的结果与岁月的痕迹。我也曾担心有一天自己没有了温润的情思与你相诉，但我想到还有你的前路或过往，便又释然。你知我冷暖，我敬你情怀，无须多言。

我们都曾被寄予期望。体育教师靠得住、拉得出、打得响，这不单单是口号，也是这支队伍的写照。然而，在快节奏的现代社会，传承与坚守更显得熠熠生辉而又难能可贵。

记得五年前，在杭州延安路上曾有推销小哥问我：“大哥你是军人吗?”我没有回答，只是婉拒了他的推销。尽管我认为这样的搭讪偏离了主题，但对他看人老到的敬佩却油然而生。因为，我是一位近二十年如一日地坚守初心的“绿茵老兵”。

黝黑的皮肤、强健的身姿、刚毅的脸庞，在当今的社会上，也许只有当过兵的人才会具有这样的外在特征。能够与最可爱的人相像，这何尝不是我们体育教师的骄傲啊！

我一直喜欢我的体育课教学，喜欢与孩子们在一起。我会尽量在达成目标的前提下，让枯燥的学习变得有趣，让痛苦的训练多点快乐。曾经，上课与吃饭是我在学校里最开心的两件事，而今只剩下上课。

四十不惑，淡是最浓！再多的课，不嫌多，因为我喜欢。一下午连续上四节课，我也不会觉得难以承受。倒是这岁月到底不饶人，连陪老婆孩子出去吃饭这样轻松的事，我竟常因疲惫而推托了。

不得不发自内心地感慨，曾经自以为经验老到，认为体育课多有课多的上法；自以为洒脱任性，学生屡教不改就放手；自以为功过无忧，工作索然无味就看淡。这些淡定、洒脱的劲头都去哪儿了呢？

说到底，我们还是逃不过自我认知的局限，我们终将成为我们认同的人。我们像极了杰克·伦敦笔下的汤姆·金，尽管我们逐渐掌握了赛场和人生的主动权，我们甚至知道拳台上哪一个位置能让我们更好地保存体力，但仍旧会为了尊严与梦想，毫无畏惧地挥洒汗水、燃烧生命。

杠铃片下、投掷圈里、终点线前，那屏气发力的呐喊，还在绿茵场上回荡。伤口的血水、胸前的汗水、眼角的泪水，刚刚干了，又再湿润。谁让我们也是太阳底下最光辉的人啊，我最敬佩的“绿茵老兵”。

（本文写于2019年9月5日）

教师不易

2019年9月，深圳某体育教师戴帽子上课的新闻引发热议，这不禁让同为体育教师的我喜忧参半。喜的是，即便是事件的偶然性被关注，起码比不被关注要来得积极。忧的是，一件本不应该成为新闻的新闻，因为教师被举报，而成了人们茶余饭后的谈资。但还有“网友吵翻了”，证明群众观点绝不是想当然地一边倒。

然而，作为关注体育教师职业防护较早，十年前就开展过体育教师肾石病研究的我来说，我自己就曾因为对职业防护关注不够而深受其害，所以我能够对体育同行的相关问题感同身受。同时，我也有更多思考和经历，要跟每一位关注学校体育和孩子教育的朋友分享。

体育教师究竟怎么了？曾经甚至让校长羡慕的体育教师，本应受到全社会的尊重，为何会因为戴帽子上课而被“毅然”举报呢？

体育教师真的不容易！一位合格体育教师的成长，从来都是负重奔跑。求学时无数次的挥汗如雨、伤病血泪、千锤百炼，才具备了作为体育教师的基本素养。然而，日积月累的伤病、过劳和风吹日晒，让体育教师成了校园里最早熟、最成熟和最显苍老的群体。但是他们的笑容是最灿烂的，他们的声音是最嘹亮的，他们的心一直都是最火热的！

体育教师应该被关注！健康中国、立德树人、以人为本，对教育改革和发展起到关键和决定作用的学科群体中，体育课当仁不让。体育是展现新时期教育思想，体现学校办学理念，呈现经济社会文化的有效载体。清华园的“无体育，不清华”，以其百年辉煌验证了体育对于办学和育人的重要性。盛世中华，体育强国，更是离不开学校体育。但请大家一定不要忽视了，将所有的教育理念、思想和体系，解析融入学生的教育生活，在这个过程中，体育教师功不可没。体育教师绝不仅是“最后一公里”的教育媒介，而是促进师生相守，实现教学相融，给予学生爱与知识滋养的关键因素。

我想，会有那么一天，体育教师不但可以戴帽子上课，而且不戴帽子会被家长督促，而不是投诉；体育教师会定期收到学校发的帽子、防晒霜、袖套、扩音器；体育教师不至于被晒到蜕皮、晒到脱发，晒出色斑、晒成“黑人”，他们可以内心火热地站在阳光灿烂和充满欢笑的操场上。

胸前的画

阴天，35℃！尽管有些闷热，但这已经是今年秋季开学后难得的好天气了。体育教师老王的心里竟有了一阵窃喜！他像上节课课间一样，坐在田径场边滚烫的景观石上，看着刚上完体育课的孩子们远去。虽然是初三接班才上了几节课，但他能够感受到自己有多爱这群孩子。那些跳动着的背影，在他的心里与自己的孩子无异。

离下一节课上课还有八分钟，但他灌了铅一般的腿好像埋在了土里。刚才那几组正侧面示范的高抬腿、后蹬跑和蹲踞式起跑，着实让他动了些筋骨。要知道，四十岁前即便下午连上三节课，他还能在随后的体育活动课上与学生们再切磋下篮球。而今，却只能这样远远地望着了。

除非要给见底的杯子加水，否则他是不会回办公室休息的。虽然室内空调的冷气开得很足，但正常步行往返一次需要五分钟，对于他来讲，这几分钟的休息比冷气要实在得多。何况每天下午的体育课前，他都会在喝好水后，再往那个有点茶渍的太空杯中倒上满满一杯茶，这足够他一下午汗流浃背的折腾。这杯子是他爱人托人从国外带回来的，品质可靠，耐摔耐用，最重要的是杯子容量大，能装一升水，老王对此很满意，对这杯子爱不释手。

咕咚、咕咚、咕咚，几口茶水下肚，老王才啐出嘴里的茶叶末。这学期的课多了点、密了点、紧了点，以往毕业班是不会给任课教师排这么多课的。但体育同行做领导的居多，行政事务繁忙，课务自然更多地落到了普通老师身上。

想到这，老王竟不由自主地把头埋在自己的影子里。一刹那，他竟然发现黑色T恤上胸前的白边涟漪被重新浸润、扩大、析出，仿佛涨潮的波涛涌上沙滩，将海岸线层层勾勒、扩大和拉长。

用汗水在衣服上作画，这应该是老王这样的体育老师最无意为之的创作了。

（本文写于2017年9月27日）

跑步人生

跑步是体育教师最为熟悉和难忘的项目。每个科班出身的体育教师，都曾经以体育生的身份进行过跑步项目速度和耐力的专门训练，带着那份成长的酸甜苦辣，那份努力、艰辛和苦痛，成就了体育教师拼搏无畏和洒脱淡然的性格。

高中时我参加的最有意义的跑步，要数高一冬季的越野跑了。在冬季的黑龙江能够开展的体育活动十分有限，由于物质基础的限制，即便是得天独厚的冰雪运动也未普及，而全凭两条腿的跑步，自然成为最简单易行的群体体育活动。记得学校曾拿出一个下午的时间，开展全校冬季越野跑，这对于一所省重点中学来讲已是难得。凭着儿时赶牛放羊积累的体力，还有初中时每天从家到学校往返十公里骑自行车的锻炼，最终我取得了还算说得过去的成绩。至今我都还记得那天跑过的路径：公路上的雪被车压成冰，发出刺眼的白光。田埂上，庄稼收割后留下的根茬，仿佛埋藏在雪中的兵器。我穿着棉裤奋力奔跑在田埂、冰面和雪地上。那一刻似乎只有逃离沿途的艰难险阻和隐匿危险，我才能拥有更多舒适的空间并实现心中的目标。

不过高中时最特别的一次跑步，却是带着青春印记的感性事件。记得高二秋季学期有位同学得了急症，在那个通信技术不够发达的时代，派人上门报信甚至比发电报还要来得快些。打小古道热肠而又感性行事的我，竟然自告奋勇地去给同学家送信。一路小跑赶上了为数不多的班车，等到达三十公里外的同学家报完信，竟然已经没有返程的车辆了。应该是初生牛犊不怕虎的无知无畏和参加过学校越野赛的盲目自信，我竟然选择跑步往回赶。只记得从日渐西斜跑到夕阳西下，直到夜幕降临我才发现饥寒交迫和恐惧无助。幸好那个年代的兆麟中学校服要比一张百元大钞有说服力，一位好心司机将我带回了城区学校。也许只有当年初为人师的班主任，才会放我这样莽撞无知的学生去送信。

而高中时最难忘的跑步，是高考术科考试。当年黑龙江省所有的体育考生，都集中到大庆统一考试。在老师的带领下，大家提前一天到达考场适应场地，但即便是面对决定人生命运的考试，十七八岁的我仍旧不知压力，傍晚和队友逛夜市，竟然还拍了一些照片留存。现在看着当年清瘦无畏的面孔，真的感慨世态万千而又似有注定。我现在还记得800米考试时起跑慢了些，但200米过后我开始逐步赶超。即便是现在闭上眼睛，我还能听见自己那时的呼吸。我甚至还在700米弯道处，给同地区只有一面之缘的朋友鼓劲呐喊："老白，加油！"这两分多钟，成就了多少人的青春梦想啊。多少年以后，仍旧有同学感谢我曾经给他们的鼓励，这应该是彼此记忆中最难忘的美好回忆了。

大学毕业到萧山工作后，我刚好参加镇里的教工运动会比赛——一场为了备战区教工运动会的选拔赛。在报项目的时候，自己作为体育教师的"英雄主义"又一次暴露无遗：让同事们先选项目，剩下无人报名的项目我兜底。最后可想而知，需要拼体力的1500米和拼技术的铁饼成了我的任务。这时候我才发现，尽人皆知的田忌赛马，往往很难付诸实践，因为能够做到大无畏付出的人不多。我的比赛结果还算说得过去，在前进初中250米的煤渣跑道上领先第二名一圈，两公斤的铁饼扔了近30米，这对于我来说也算不易。只是这样的成绩，只出现在二十多岁的光景，从此就再也没有出现过。

"王老师，都一把年纪了，还这么拼啊，要对自己好一点！"这竟然是我曾教过一年、现在上初三的学生对我说的话。估计这孩子与我是老乡的缘故吧，所以才会对我如此关切而又幽默地善意提醒。其实我也在想，我为什么重拾跑步，应该是性格使然吧。我喜欢和孩子们一起奔跑，因为言传不如身教，要想学生好学，必要先生好学。陪着学生一起奔跑，会让我们少了多少无谓的说教啊。我倒是觉得，正是因为让他们看到这样一把年纪的人的拼搏，才可能不经意间唤醒他们内心深处的尊重，才可能在潜移默化里强化他们不断生长的坚毅。

我也喜欢在街道上奔跑，展示体育人的健康美。记得去年暑假跑步归来，一位自称跑步爱好者的骑车人经过时，表达了他对我这样的跑步爱好者所拥有的健康体魄的夸赞。我更喜欢在山野里奔跑，在那里能看到天高地远，能真切地感受呼吸和心跳，并且身心涤荡时的内心自省最深刻。克服心肺功能的迟滞，会发出畅快的啸叫。感知肌肉关节的酸痛，会不断调整跑姿。直到能量耗竭的疲惫涌上心头，才明白过分地讲求坚持可能会产生无谓的伤害。

激活、调剂、平衡、控制，这些与跑步息息相关的词汇，又多么像极了我们的人生啊。男人应该对自己狠一点，这样才能体悟到不一样的人生。少一点脾气，多一点骨气，自然激活人生；少一点小我，多一点大我，自成最好平衡；少一点功利，多一点洒脱，自有快意人生。

现在跑步跑得真的不快，比半年前退步了许多。但话说回来，这岁数从来不是为了更快、更高、更强，而是为了成就更真、更纯、更好的自己。这应该就是所谓的快乐生活与快意人生吧。

（本文写于2019年3月2日）

同道中年

一面之缘，是光鲜而深刻的，多年以后仍会记起那像发光体一样的纯粹光芒。数面之交，是真实而立体的，即便光源不同，视角不同，多年以后仍可能发现折射或者反射的光彩。

可能，某一刻我们的某些面未能同步，但我们仍珍惜一面之缘的互相映射。也许，有一天我们的其他面同步或未同步，但在未来的某一天，我们仍期许数面之交的相互温暖。

今天有故事也有酒，最重要的是有兄弟也有你。我很欣慰和骄傲，曾经最欣赏和最要好的同行兄弟，都走上了所在单位重要的领导岗位。只是我从来都没有张扬，就像我们之间的君子之交。

那个可以在大学毕业十六年后将同寝室兄弟聚集到北京的大哥说过：“我们可以悄无声息地生存发展，谁让我们注定是平凡的中流砥柱，但只要有一天你想起我、需要我、召唤我，我就是你最靠得住的兄弟。”

今天同样很特别，是林春老师的联络维系，给大家平台得以小聚。人逢喜事精神爽，朋友欢聚情更长。林春老师的头发更白了，但体重更轻了，精神更好了。这是一位将个人专业成长与萧山体育发展融为一体的资深教师，所以半斤白酒下肚后我说：“这些年我一直叫您林老师，我记得十几年前您陪余老师来前进看我上课。我的成长记忆会与您联系在一起，我认为这就是通常所说的缘分，说明我们有缘。”

当然最难忘的还是这一桌人对分寸的掌握。我这个曾自以为激情澎湃的北方人，在江南生活了近二十年才发现自己真正的缺陷是性情。在座的几位领导不必多讲，要么意气风发，要么侃侃而谈，要么踌躇满志，都能盼见个好光景。还有同龄优秀的阿达，接人待物、为人处事，恰到好处，温暖备至。觥筹交错中我才发现，曾经不屑一顾、自以为是的性格，在现实中显得格格不入。

这些年，我曾不无感慨地说过，我支持我的学员、徒弟和同行去追逐梦想，达到他们曾经梦寐以求的事业高度。我希望他们在将专业发展作为个人成长途径的同时，多积累一些事业成就和成长感悟，也许有一天这样的经历可以帮助他们走向人生巅峰。而作为曾经的伙伴和朋友，我宁愿继续将过程当成目标，把工作做成事业，把体育做成教育，把教师做成人师。

转眼间，曾经以事业为先、以专业为傲的那批人，都已经年过不惑，甚至喝多酒都怕给别人添麻烦，这对于我这个曾经沉醉街头的外地人来说，何尝不是一种深刻而有效的自我教育啊。此刻我仍旧惦记驱车往返并喝多的兄弟，是否回到了自己安乐的家园。其实，无论生活也好或者前程也罢，都不能缺少了朋友，都不能忘记了兄弟，能够荣辱与共，同甘共苦，自然就有患难见真情。可惜，我只是独狼，敞怀为亲，举杯为友，笃信君子之交。

如果有一天，当我变得沉默，其实不是我不关注世事，也不是不想念大家，只是我们没有同样的频率和节奏，很难再像从前一样应和、共鸣和激荡。也许，我们之间只是少了一杯开怀的酒，差了一把离别的泪。情到浓时，爱到深处，无酒无泪也开怀！

（2019年8月24日，萧山五中林春老师组织上一届萧山区中小学体育教学专业委员会成员小聚，有感而作）

行路

教贵得法

这世界太大，五光十色，丰富多彩，只是我们偶尔有些应接不暇。这社会发展太快，从不停歇，飞速向前，我们亦步亦趋，只是逐渐蹒跚。于是我们开始想念，开始怀旧，开始重温初心。

谈到我的职业初心，不由得就会想起大学时教我三级跳远的孔老师。他是名牌大学毕业的硕士生，高大帅气却不苟言笑，所以我们这些毛头小子即便曾经放荡不羁，在他的课上也是认真学习而不敢怠慢，并满怀期许地想象着在他的指导下能够实现自己华丽的一跃。

两个月的学习很快就结束了，在测试时我脑海中时刻铭记着孔老师强调的滚动支撑、用力踏跳、挺身提拉、收腹举腿……心想着，只要做到这些要领，我一定能够跳出优美的弧线，在沙粒飞溅中落在理想的彼岸。深呼吸，助跑、加速、踏跳，“啊……”随着一声惨叫，我的第一次试跳，我的整个测试，竟以崴脚这近乎惨烈的方式戛然而止！但庆幸的是自己还落在了及格线以内，要不然这个科目的测试估计只能挂科了。

从那以后，我就对跳远和沙坑心存畏惧，甚至生活中跳过一滩地上的积水或一个杂物障碍，都会觉得当年崴过的脚还在隐隐作痛。我不禁反思，在自己的课堂教学中是不是也有这样让学生隐隐作痛而我并不自知的情况啊。体育来源于生活，乃至最终作用于生活。本就来自生存本能和生活技能的走跑跳跃，经过教师的专业解析和规范教学，竟然让学生摸不着头脑，更束缚了学生的手脚。于是，我开始思索问题的症结。

直到今天，我终于茅塞顿开。尽管没做准备活动，尽管偶尔踏板踩线，尽管分不出个腾空身姿，但我又再次站在助跑道上，欢快奔跑，一跃而起。这肯定离不开当年孔老师的谆谆教导和我的刻苦练习，但一定还有些其他或简单或复杂的因素存在着。而这飞跃能力到底是与生俱来的还是后天习得的、反复练就的、沉淀发酵的，对于此刻的我来说并没有那么重要，最重要的是我重拾了信心、决心和初心。

其实，站在那条跳远的助跑道上，我们就已经插上了翅膀，忘记年龄、忘记体重、忘记伤痛。

只要奔跑，我们就能飞翔！

行路

为教而学

网络拉近了人们的距离，让我们有机会感知教师的思想言行。今年五月，第六届全国中小学体育教学观摩活动在武汉举行。从年初开始，各个体育网络交流平台上都弥漫着能否去武汉观摩学习的焦虑。这让人突然间意识到，不但国家重视学校体育，而且教师也勤学向上。各交流平台上，人们会对能去武汉学习的幸运儿报以仰慕，也会为自己不能参加而心生遗憾。加之主办方的名额分配限制和报名资格控制，此时学习已经变成一部分人的“福利”。

诚然，学习非常重要，作为教师应倡导和践行终身学习。但被无限夸大和神化的“培训”，常让我们忽视了学习的目的和意义。看到个别专家那么多年不变的授课资料和远离前沿的争鸣探讨，以及部分追随者竭力维系的权威，我不禁感慨，这真的是教师向往的有效学习吗？为何学习？学习什么？如何学习？

回顾自己小学、初中、高中十几年的求学经历，我们每个人都会对学校体育有一个感性认识。我们记得体育课的酸甜苦辣，了解学生的期许和需要。四年的体育教育专业学习，使我们具备了体育教师素养和专业能力，让我们懂得如何在学校与学生间把握平衡。而今，教师继续教育已经常态化，我们可以针对工作需要有选择地参加，即便无客观需要也可将其作为知识储备的途径。所以，教师学习应具有明确的目的和系统性。

弥补类学习、储备类学习、更新类学习，不同层面教师的不同类别学习，其形式应有差别。正如不能把全国教师集中起来讲课标，同样也没必要把所有教师集中起来练足球。因为不仅教师情况各不相同，教学环境和学情基础也存在差异。但有一点是相同的，那就是教师学习是为了更好地进行课堂教学，更好地教学生，完成教学任务和课程目标。所以，教师的学习必须能转化为具体的教学行为，否则便是一种低效甚至无效的学习。当教师学习涉及学校经费和工作时间的时候，学习活动自然就变成了严肃规范的职务行为。由此，教师赶集式的凑热闹学习显然不妥。当然，个人业余的学习行为，则另当别论。

为教而学，学以致用，这应该成为教师学习进修的出发点和立足点。

（本文写于2015年6月12日）

培训杂谈

借浙江师范大学省级学科带头人培训之机，请恰在金华办事的同事夫妇去喝茶，虽然路有辗转，但跟随导航软件终觅得桃花源处。尽管茶室的茶台已满是灰尘，但茶室老板一根香烟奉上，随着烟雾缭绕，老板与茶客之间已没有距离！

我的同事胡老师长于茶艺，婉约娴熟的动作中文化韵味十足，她对于茶艺见解精深，已是大家！而老板也谈起了自己的生意经和喜好，一派儒商典范。尽管楼上是喧闹的棋牌室，但依然无法掩盖老板出淤泥而不染的风骨个性。我的同学一峰，端起茶杯，少年老成的沉稳大气，展露无遗。

眼看夜已阑珊，街已静寂，别时将近。我迸发出久违的爽朗，端起茶杯，“干”！

其实，教育生活仿佛一杯啤酒，工作之初好似酒由瓶入杯，满腔的抱负倾泻而出，理想在一瞬间膨大到极致，甚至超出了现实。于是，我们手忙脚乱地整理着杯盘狼藉的酒桌，都没来得及品一品酒花的醇香。接下来就是漫无边际的沉寂与沉淀，理想随着泡沫的破裂而消融，逐步变得细小和紧密。只有杯壁上偶尔腾起的连珠气泡，还在搅动着我们的梦想。

所以大多数时候，我们表达出来的对事物的认识，很可能只是我们全部意识中的一部分，甚至仅是相对强烈的一部分。但恰恰是这部分表达出来的认识决定了别人对我们的印象，并直接影响着我们自己的行为。

记得王教授曾讲过一个小案例。某个参加培训的教师反馈（也可以直白地说是抱怨）学校体育硬件设施如何不堪，王教授告诉他不用培训可以回家了，因为从外面学来的绝大多数方法和知识在他的单位都无法运用。还有关于如何听课的问题，要用学习的视角和发现的眼光去看、去想、去用。如果每次听课一发现不足就将其定性为差课而弃之，那么也不用听课了，至少国内没有任何一位教师敢说自己上课毫无瑕疵。

各种各样的“狂人”，我们身边也不少见。有年少轻狂者，如“长大后我要成为科学家、企业家、艺术家”，结果，很多孩子没有成为“家”，甚至都没有成为自己；还有为爱痴狂者，“没有你，我宁愿去死；爱你直到天涯海角，海枯石烂”，结果，很多人既没得到人，也没得到爱，但依然坚强地活着；更有酒后癫狂者，“有事找我好使，我给你摆平”，其实啥也摆不平；等等。

当然，在我们的印象中也不乏这样或那样的“牛人”。读高中时，崔同学曾在某次月考后在寝室里说接下来要考第一名。当时大家都觉得他太狂了，因为他当时只是中等成绩水平，结果后来他真考了第一。2011年，在参加杭州市体育教学设计和现场说课比赛的前一天，我在办公室外面的体育公告栏上贴了一张便利贴，“同学们，我去参加杭州市说课比赛了，如果不成功我就不回来了！”后来，我拿到了萧山区最近十年唯一的两个市级一等奖。

其实，做一个合格的带头人不易，带头人仿佛是手握方向盘的司机，其重要性不言而喻。在一个既定方向上，选择一条更好的路，并给同在“一辆车”上的人以良好感受，是我们无法推卸的责任。

网研可期

在信息洪流中，我们已经不再是生来独特的宠儿，我们开始注意力减退，出现认知性疲劳，有时自私冷漠，偶尔怪异暴躁。

我们可以承受挫折、打击和创伤，但我们的事业不能没有同行者的参与、支持和帮助。我们的每一次神采飞扬都是为了找寻最真实的自我和遇见最优秀的伙伴。

桌上的台历重换了一本，清新的样式，华丽的辞藻，只是这赠品中总是少不了商家的LOGO和醒目的广告，不免让我开始怀念已被丢进垃圾桶的旧台历，因为它记录了过去一年的浓墨淡笔。于是我开始想念我们曾经共同交流成长的平台，想念这群因为网络教研汇聚在一起的同行，想念那些并未刻意陪伴我们成长但却给我们留下深刻印象的人。他们不经意的离去，成了今日感怀的主题。

还记得那个在学体群里喊口号、晒工作，始终保持着工作热情和优良作风的陕西王老师吗？她是我记忆中2014年最耀眼和最令人钦佩的一位同行，当时可能我们都未曾特别关注对方，但今天我由衷地为她叫好！

还记得每天早上在体教群里发真理、警世人，始终坚持不懈地营造积极上进氛围的山东老师吗？虽然他发的信息不一定是原创的，也不一定实用，但我们谁都无法否认他的真诚。能够为一群素昧平生的人，坚持了不止一个学期的每日宣讲，而今在这个群体里还有比这更加可贵的坚持吗？

2015年，我由衷地为他点赞！

在我的心目中，我始终敬仰那些为了体育事业而辛勤耕耘和无私奉献的人，我始终感恩那些在我迷茫困惑时给予我关怀和鼓励的人，我始终学习那些积极地投入到教学研究实践中去的人。每一位相识相知的师友，哪怕只是静听、只是喝彩，甚至批评，对我来说也是一种支持和鼓舞！

2016年的崭新一页已经开始，第一个工作日我在这里写下只言片语，莫言激动抑或感伤，只为了那些与我一样经历过去、一样踌躇现在、一样憧憬未来的人！

（本文写于2016年1月4日）

际会玉环

玉环出了一位了不起的体育教师，他叫叶海辉。作为一名退伍士兵，70年代出生的他，德、勤、能三绩加身，成为正高级体育特级教师，放眼全国也堪称奇迹。这无形中增加了我对本次浙江四地名师工作室玉环活动的期盼，即便玉环是一方远离陆地的海岛，我也想看一看那里究竟是如何创造了奇迹的。

一路地铁、高铁、中巴、出租车、滴滴打车，经历串座、拼座、无座，旅途虽然几经辗转但终究还算顺畅。通过交通，我感受到玉环的城市发达和这个海岛的交通便利。尽管并没有看到想当然的跨海大桥，但我仍能感受到心里那种天堑变通途的畅快。

很荣幸能够加入浙江四地体育名师工作室教学联盟，尽管我个人和工作室的力量仍然单薄，但这不影响我们张开怀抱。两年来，仰望过仙居的名山大川，拥抱过舟山的天空海阔，见识过温州的鸿儒大雅，除了赞叹还是赞叹。

其实，很多时候我们走在怎样的路上，往往取决于我们所处的环境和可用的资源，这甚至不能以个人意愿去改变。但我们必须明确此行的终点，起码要有个大致的方向。一路走来所有的是非功过，都让我们更加明确初心。

高铁候车时接过雄飞的暖心汉堡时我才发现，金拱门竟然已经在肉饼中加入了香肠。而玉环的文旦之所以有别于一般柚子的口感，也许就是源于那种籽粒饱满所特有的香甜。听着团队里两位年轻女教师坐在高铁车厢地板上快意交谈，看着车窗外一幅幅山水画中偶尔闪现的一方方村落，愿我们在这瞬息万变的世界里，对每一副定格的画面都能充满敬意并深感温暖。

点一根香烟，烟雾升腾着悠绵的思想。举一杯烈酒，热辣烧灼着不羁的灵魂。在每个人的世界里，都曾有一个不可一世的英雄。愿每一位践行求索的人，都能不失初心，不忘初身，成就心中那个了不起的人！

（本文写于2018年11月21日）

第二编

爱是教育　爱的教育

这世界上没有完全相同的两片叶子。每个孩子都生来独特，而又被寄予厚望。这让教育变得神圣和充满爱意，也让爱成为教育的底色。

培养人就是培养他们对前途的希望，孩子们比老师更加渴望被认可和被期望。如果没有教师的激励指引和帮扶陪伴，任由学生直面题海书山，学习将变成枷锁和灾难。

教育的伟大之处就在于实现目标的过程，而不仅仅是达成目标本身。既然千人千面而又殊途同归，既然教无定法而又贵在得法，那么就只有爱才能实现真正的教育。

爱和希望

学校能够给予教师的资源是有限的，一砖一瓦，一室一桌，总有限度；而教师能够为学校付出的努力是多元的，一人一事，一日一年，好施乐施。我们能够给予学生的教育是有限的，一支粉笔，三尺讲台，朝朝暮暮；但学生留给我们的快乐和回忆，却早已延伸至未来，一张照片，三五话语，岁岁年年。所以，无论情怀是一艘船，还是一片叶，即便随波逐流也要飘向理想的远方！

这学期我任教初一年级体育课，看着孩子们阳光般灿烂的面庞，心想终于可以远离多年的中考压力，上几堂学生喜闻乐见而又皆大欢喜的体育课了，但学生个体的差异却让我在不同层面承受了未曾预见的压力。

开学初的第一次集会活动，我任教班级的一名小男生就与年级组长在操场上公开对着干，大吵大闹，“刀枪不入”“水火不侵”，心想如果我这暴脾气遇到这情况会怎样。很幸运的是，后来在我的体育课上一直都平安无事，我甚至都忘记了发生过这件事情。直到近日，在整理期末成绩时我突然发现有“失踪”人员，才得知他已经“跳出三界外”，不在课堂中。在义务教育阶段，作为教师的我们难免会遇到这样的任性学生，光靠幸运显然有太多的力不从心。

诚然，我们相信这世界上从没有完全相同的两片叶子，并常常据此来尊重每个人的生来独特。但我们在做这样的预判时，往往忽视了一个语境前提，那就是我们应该在同一棵树上或起码在同一片树林里做这样的比较，否则，这句标榜生来独特的名句就失去了原本的问题意境和隐喻价值。因为经济社会、地域文化、风土人情、价值认知或者自然环境，任何一个因素都足以让本就相同的两片叶子，呈现出差异。

那么，我们如何让同一社会前提下多元、各异甚至特异的孩子，共同学习，和谐生存，乃至协同工作呢？这就只有靠学校教育了。学校教育是以直接影响人的身心发展为目标的社会活动，根本目的是培养德、智、体、美、劳全面发展的社会主义事业的建设者和接班人，如果脱离这一目的，那么任何沉溺于教育教学专业化、学术化和艺术化的想法和行为都将是舍本逐末。

其实，如果教育真按照这样的脉络发展，教师反而轻松了。但在人本主义思潮的影响下，履行教育职责的传统使命与创设美好教育体验的双重压力，使得教师在不知不觉中就背负起社会发展之重。在这样的教育背景下，如果教师仍旧走在老路上，不但会始终觉得学生越来越难教和难管，甚至会怀疑这社会怎么了，而我们教师自身究竟又怎么了。

马卡连柯曾说，培养人就是培养他们对前途的希望。当我们无法让每个孩子都考满分，都做第一名的时候，当我们已经知道三人行不但必有我师，也会有白丁的时候，当我们已经发现曾经引以为傲的学生，其社会贡献却不如顽劣调皮学生的时候，我们就该明白没必要每天无休止地逼迫他们写作业，也没必要每天不眠不休地让他们走在并不属于自己的道路上。但唯有一事必须重视，那就是让我们的孩子对现在的生活心存感恩，对未来的美好抱有期许。否则，等待他们和我们的结果，就只有失望、痛苦和灾难！

开学初，班主任就告诉我某位学生患有先天性心脏病，小学体育课上不上完全凭心情，初中体育课来不来也只能看老师面子。在后来的体育课上，随着我关心她病况的次数增多，这孩子也自然而然地参加活动了。不跑步，不测试，如果参加的学习活动少了，她自然离课堂也更远了。直到第一学期元旦文艺汇演，她这位体育课基本免修的学生，竟然连续参加了三个舞蹈表演。我这个临时摄影师也得以有机会，在镜头下发现如此多才多艺的学生。我只是在演出结束后给她看了演出照片，并对她毫无保留地大加赞赏，这孩子就变得不一样了。

今天，她是体育课上最认真练习的学生，尽管我仍旧担心她的身体健康；今天，她是唯一一个戴着口罩上课，又摘下口罩与我讲话的学生。而这一切就只是因为，昨天之前我把她当作病人，而从昨天开始她已成为老师的骄傲。也许她一直都没有变，只是我不再用特殊眼光看待她。也许她真的变了，而这变化只是来自学校为师生提供了认识她的舞台！

教育，除了最起码的传授知识、培养能力和提升素质，还应该有人格的健全、希望的培育和仁爱的滋养。

（本文写于2017年1月4日）

行路

我的学生

工作之初，我在任教九年级时关注最多的是学生有没有按照我的想法去学习，他们的成绩怎么样，名次是多少。即便是偶尔嘘寒问暖，也不忘补充一句：别受伤，以免影响考试！

我就这样工作了十几年，一直坚持着自己的原则和评判标准。我一直希望我的学生都能考上清华北大，我的运动员都能在赛场上获得第一。然而这么多年不但未曾见到学生考上清华北大的喜报，甚至连赛场上的第一也很鲜见。于是我不由得惊诧，当初自己对教育的美好愿景怎么变成了今日一次次的失落，而曾经看似平庸的孩子却创造了一个个发展的奇迹。

反观当下，学校里满墙的书画作品，多少都有些培训班的痕迹；舞台绚丽灯光下的吹拉弹唱，早已超出了学校的能量；甚至运动场上的金牌银牌，都缺乏师生汗水的味道。我不由得感慨，这些让人引以为傲的成绩和荣誉有多少是我们缔造的辉煌？也许这样的教育教学出发点从一开始就偏离了方向。教书育人，任重道远，让我们成为学生成长过程中的真诚伙伴吧！

我最亲爱的同学们，你们一定有着令人着迷的魅力！让我如此喜欢你们，以做你们的老师为荣，并以陪伴你们成长为傲。只要看到你们充满活力的身影，我就开启了一天快乐的工作时光；只要回想起你们朝气蓬勃的笑脸，我的脑海里就会浮现出一幅幅美好的画面。毫无疑问，能够让一位体育老师如此念念不忘，你们肯定都具有超凡脱俗的魅力。同时，让我时时刻刻把你们放在心上的原因，可能还来源于你们留给我的三个印象。

第一，你们是我最看重的学生。我始终希望你们能够在我的教育下，用最小的付出获取最大的回报。让你们有时间去体验学习之美，有兴趣去品味进取之乐，并有理由去相信成功之道。为此，我总是精心计算着每节课的运动量，生怕少一次练习而满盘皆输，更怕多一次练习而过犹不及。当然，我也会察言观色，适时挥舞着秒表，时而斗智斗勇，时而分秒必争，生怕你们因为训练强度不够而一无所获，也怕你们一时力道过大而伤了筋骨。能够成为你们的老师，就是要用十二分的努力，去做一百种假设，去想一千种办法，来帮助你们解决可能存在的每个问题。因为我知道，九年级已经容不得半点疏忽，更不允许有丝毫的意外。我们所有学习活动的首要目的，都是让你们可以在任何时间、任何地点、任何环境，从容应对任何挑战。因为你们是我最看重最欣赏的学生。

记得中考后我曾与陈同学的家长交流，我说陈同学的体育中考成绩是我作为老师，给自己设定的一个教学检查点。如果这样学习认真而又练习刻苦的孩子不能得到满分，那么还要我这个体育老师有何用?！值得庆幸的是，在临近中考的最后一周，我们终于解决了实心球平拉投掷的技术问题。谢谢你，陈同学，是你的认真和独特，让我对实心球教学又有了新的认识。

第二，你们是我最纯真的朋友。我始终希望你们能够在我的帮助下，不用亲尝坎坷和屡历挫折，就能够掌握方法和明白道理。这不仅是学习的价值所在，更是智慧的具体表现。尽管必要的风雨能够让你们变得坚强，但一味地品尝苦果，也可能会让你们误会学习的味道。于是，每天的大课间成了我的脱口秀时间。极点、重力性休克、超量恢复，这些专业名词，我总是唠叨个不停。可以原地休息但不能走，只能加速不能减速，这样的决绝语气也是频繁回荡。因为我知道，九年级已经没有分毫时间可以浪费，更没有任何理由再去犯错。我们安排所有练习的根本目的，都是让你们能够发现自己、认识自己、提升自己，并最终实现自己的目标。因为你们是这所学校里最努力的学生。

还记得去年年底大课间跑步时，好几位学生时常被我点名，尽管你们当时的表情仿佛在说："你又不教我们，喊什么喊?"但你们的行动，我还是比较满意的，只要我一喊到你们几个人，你们就又快速奔跑起来。而且，你们还将这种听到点名就快跑的优良品质，带到了考场上，取得了让人刮目相看的成绩。

第三，你们是我最亲爱的孩子。我始终希望你们能够在我的陪伴下，勾勒出校园生活中一个个难忘瞬间，创造出大江南北的一段段传奇佳话。我与你们父母的年龄相仿，你们与我孩子的年龄相近，既然希望你们越来越好，那么我难免就会在与你们的朝夕相处中，融入为人父母的情怀。你们这一届学生，是让我压力最大而又脾气最好的一届。如果我只是从自己的目标出发，拖着你们与我一同前行，那么就仿佛蚍蜉撼树，必定徒劳无功；而如果我从你们的角度思考，陪伴你们一路成长，很多事情就能够水到渠成，那么我们之间自然就多了份理解。我们所有教学活动的最大价值，就体现在让困难变成容易，让苦闷变成快乐，让问题变成亮点。因为你们是这个世界最美好的未来。

你们这一届孩子与我以往教过的学生的最大区别就是心态好。从你们说的"老师，人要对自己好一点"的名言，到每次上课铃响后安步当车的从容淡定，你们慢慢地化解了我的焦躁。比如张同学，她不但心态好、脾气好，而且身体也好。看着她时常徘徊在0和1之间的成绩，我只能很"明确"地告诉她："张同学，不用练了，没用的!"结果，她的第一轮考试跑步成绩比第一次模考提高了整整60秒!

同学们，现在我突然发现，你们一定有着令人叹服的魔力！要知道你们曾经是让很多老师心怀忐忑的"丑小鸭"，甚至就连我自己从初二开始陆续接班时，也明确跟领导说教你们这届学生我恐怕难以胜任。谁都知道，跑一圈会输给中高段小学生，跑两圈会输给初一初二的学生，这对于九年级的学生到底意味着什么。但就是你们，创造了从3月12日模考仅有31个满分，到3月24日首轮考试97个满分的奇迹。你们只用了12天的时间，就拿下了滨江区的第一，乃至杭州同类学校的第一！

我知道是你们的真诚和善良，让你们成为老师的骄傲，留下了这段让人倍感温馨的回忆。我知道是你们的坚韧和乐观，让你们成为这所学校的骄傲，取得了一份份令人刮目相看的成绩。我知道是你们的刻苦和勤奋，让你们成为滨江教育这段历史的骄傲，描绘出了一幅催人向上的勤学画卷。

此时此刻，你们已经具备了展翅高飞的能力和无坚不摧的实力，你们已经展现出坚持自我的魅力和实现自我的魔力！你们注定要在这里创造辉煌，并走向人生的下一个辉煌！孩子们，你们是最棒的！

后记：刚刚决战体育中考，又承办系列主题活动，竭战之鼓，已然休矣。整整五个小时的思索和罗列，我从最初的焦躁到最终的释然，这篇文章就当是给孩子们一个正式的交代吧！回想过往和现在，真是别有一番味道。

从“滞后”到“独特”！蔡康永在《蔡康永的说话之道》这本书中说：“我的说话之道就是把你放在心上！”简短的语言透露着与人交流的全部精髓。在谈到陈同学实心球问题时，我原本的句子是“你很认真但能力滞后”，“滞后”能够突出她通过努力获取成功，甚至突出教师的努力，但从学生的角度去体会，“滞后”往往带有消极色彩。所以，经过斟酌，我用将该句改成了“你的认真和独特”。

从“魅力”到“魔力”！第斯多惠曾经说过：教学艺术的本质在于激励、唤醒和鼓舞。只有学生对自己充满信心并满怀希望，才可能创造奇迹，才能将我们的教学技术成果最大化。在魅力方面我重点谈了这半年体育备考的历程，并通过典型案例突出了学生通过努力获取的成功，借助共鸣让他们相信自己已经具备实现自我的魔力。

从“自嘲”到“黑粉”！在升旗仪式这样庄重的场合，弘扬主旋律是根本。同时，适当的话题延伸有利于拉近师生之间的距离和提升现场效果。告诉学生而今最欣赏他们的我，也曾把他们视作“丑小鸭”，让他们逐步脱离对教师的依赖，也无疑更能够坚定孩子们的信心，相信自己具备展翅高飞的实力。

条条大路通罗马，但罗马城不是一天就建起来的。将学生学习生活中的喜怒哀乐放在心上，将学生成长发展中的苦辣酸甜放在肩上，相信在我们的不懈努力下，全体师生都能感受到无比欢快的现在，并拥有更加辉煌灿烂的明天！

（本文写于2018年4月2日，是作者在杭州高新实验学校“赢战六月天”中考动员活动中的主题讲稿）

遇见最美

今天我能够站在这里，面对着高新实验学校有史以来最优秀的学子，我感到万分荣幸和无比自豪。从见到你们的第一眼开始，我就坚信我们会在彼此的生命中留下不可磨灭的烙印。我们一起经历过质疑，品尝过伤痛，也收获了令人振奋的成绩和难忘的情谊。

尽管大家来自不同的班级，甚至任课教师也各不相同，但经过三年的学习生活，你们最大的成就就在于，都成了最热忱、最纯粹和最优秀的高新学子。

未来也许你们之中的绝大多数人都无法独占鳌头，但在与你们的学习交流过程中，我已然相信你们一定会成为最快乐和最优秀的自己。

记得开学时，我用朱自清先生的《匆匆》选段，提醒大家要快速进入学习状态。“燕子去了，有再来的时候；杨柳枯了，有再青的时候；桃花谢了，有再开的时候。但是，聪明的，你告诉我，我们的日子为什么一去不复返呢？……”

记得期末动员时，我告诉大家要成为主宰命运的强者。“我们要成为怎样的人，我们能成为怎样的人，我们该成为怎样的人……”

记得考前激励时，我做了66个俯卧撑，当作送给你们的祝福，我还给你们读我自己写的诗。

我想告诉大家，不仅仅是人生，我们的求学生涯更应该首先这样度过：当回首往事的时候，不因虚度年华而悔恨，也不因碌碌无为而羞耻。

那么，我们应该如何遇见最美的自己，并开创最好的未来呢？对于在座的高新学子来讲，我认为可以尝试从以下几个方面去努力。

第一，珍惜学习机会，掌握学习方法。《史记》云：“夫功者难成而易败，时者难得而易失也。时乎时，不再来。”时间对于每个人都是公平的，同样的机会对于任何人来讲都只有一次，所以我们要珍惜现在的学习机会。

首先，我们要学到知识。知识从来都不是学习的全部，但却是学习的必然结果。博学广知不但是我们取之不尽、用之不竭的宝贵财富，还是我们人生价值和生命历程的朴素见证。其次，我们要学会方法。笛卡尔曾说，最有价值的知识是关于方法的知识。只有掌握学习方法才能明白老师教学的本原，才能找到书山题海的路径，才能体会学习知识的快乐。最后，我们要提高学习能力。仅仅具备出色的智力是不够的，最重要的是如何出色地使用它。运用最有效的方法，释放自己最大的能量，制订解决问题的最优方案，我们将拥有越来越强的能力。

第二，注重身心健康，养成自觉习惯。身心健康是生存之本，是学习之基。身心健康离不开自觉的行为和良好的习惯。自觉习惯是人类在自然进化中通过内外矛盾关系发展而来的基本属性，是人的基本人格，是自由的真实实现。因为我们的整个人生就是一次自我发现、自我实现、自我控制的生命历程。

首先，我们要客观地自我定位。叔本华曾说，一个人的伟大或渺小，是由他的人生观决定的。我们需要自命不凡的勇气，但要少一些自以为是的傲气；我们需要积极的自我反思，但要少一些消极的自我放逐。对自己有一个合适的定位，才能发现最美的自己。其次，我们要努力自我实现。黑格尔说，人应尊敬自己，并应自视能配得上最高尚的东西。就因为有了“为中华之崛起而读书”的豪情壮志，我们才记住了那个“鞠躬尽瘁，死而后已”的伟岸身影。就因为有了“为往圣继绝学，为万世开太平”的豪言壮语，我们才看到了“理学一脉，南宋中兴”的人文昌盛。最后，我们要善于自我控制。“天下难事，必作于易；天下大事，必作于细。”我们要学会统筹利用时间，并不断调整控制行动，做最好的自己。

第三，积极融入群体，培养正义精神。如果人只能自己单独生活，只考虑自己，他的痛苦是难以忍受的，因为人类本质中最殷切的需求是渴望被肯定。处理好自我与群体的关系，我们才能感知真正的正义精神。

首先，公平是借以助人的驱动，而不是无度索取的标准。万物的和平在于秩序的平衡，秩序就是把各种不同的事物安排在各自适当的位置上。不要再埋怨为什么自己的作业多，不要再质疑为什么别人可以跑得少，我们都希望通过努力成为更好的自己。其次，道德是自整衣冠的镜子，而不是量人长短的尺子。为人之道，要多用道德规范约束自己，而不要动辄用道德标准来衡量别人。能够与人为善，就是恪守了最基本的道德。最后，正义是悬在头顶的利剑，而不是藏在衣袖的匕首。正义是坚守真知大道的堡垒，而不是恃强凌弱的工具。

而今，全社会都在不断反思人与自我、人与社会、人与自然的关系，整个社会正朝着更加美好的方向进步和发展。同学们，只要你们养成自觉的行为，培育健康的身心，坚持正义的精神，你们一定能遇见最好的自己，开创最美的未来。

（本文写于2017年2月12日，是作者在杭州高新实验学校2016—2017学年第二学期开学典礼上的主题讲稿）

敬畏铃声

2008年汶川地震时，安县桑枣中学周围的建筑被震得支离破碎，伤亡惨重，但是这所中学的所有师生却安然无恙。这既得益于学校建筑的维修加固，更得益于学校坚持经常性的紧急疏散演练。地震发生时，全体学生按照指令疏散到操场，并按班级站好仅用了1分36秒，期间没有发生拥挤和踩踏，这样的纪律严明让人肃然起敬。如果当时大家对学校的疏散信号无动于衷，后果肯定不堪设想。于是，我开始为我们身边的很多学校感到忧虑。大家敬畏学校的广播信号系统吗？会维护学校铃声的严肃性吗？

前事不忘后事之师，亡羊补牢犹未晚矣。没有千万次的演练，我们就不敢奢望意外突然来临时的镇定从容。既然学校里不可能每月每周进行消防演练，也不可能每天每次课都进行安全教育，那么我们就要充分发挥学校现有教学组织规则和广播信号指令的教育价值。学校的铃声无疑是最典型的信号标志，铃声足以让校园里的每位师生清晰听见，指令也意味着全校师生必须遵守。如果一所学校里连铃声系统都无法发挥指令效能，那么这所学校师生的规则意识必然极其淡薄。

我们经常看到，上课铃响了学生还在教室外追逐打闹，教师不得不反复厉声召唤；下课铃响了老师还在讲关键知识，学生即便想上厕所也得憋着忍着。课间原本合理规划的下楼队伍，因为某个拖课班级导致下行拥堵。操场上，先到的班级要等十来分钟才能开始集体活动。类似的师生规则意识淡薄的现象，为学校应对可能发生的紧急事件埋下隐患，更为学生的校外生活和未来成长埋下隐患。

规则意识不可缺，敬畏铃声不可少。在校园里，预备铃是师生准备起跑的阵阵笛音，上课铃是师生冲锋陷阵的嘹亮号角，下课铃是师生调整身心的悠悠乐声。不要徘徊、不要蹒跚、不要颠倒，关心自己、维护学校、热爱生活，规则意识从敬畏学校的铃声开始。

全员教育

从理论层面来讲，“健康第一”是“体育与健康”课程的指导思想。但在体育课堂教学实践中，“安全第一”的提法和做法也广为流行。这既有教师对课程理念理解的认知偏差，也有教师对教学意外的过度担心。但有一点无法辩驳的是，如果教学安全无法保障，那么学生健康也往往无从谈起。

在近二十年的教学经历中，我曾亲眼见过三例学生意外伤害事件。一次发生在前进初中，一名学生在课间奔跑着去踹场地上叠放的小体操垫，滑倒后本能地用手臂撑地，导致前臂腕端粉碎性骨折。还有一次在高桥金帆实验学校，我在高桥初中教过的一名学生在休息日与到校玩耍的学生进行50米赛跑，在加速跑过程中不幸跌倒，双手本能前撑致左手尺骨桡骨粉碎性骨折。最近一次在高新实验学校，某班级两位同学在单杠练习时挂杠推摆，杠上学生脱手落地后小腿骨折。恰巧三次意外我都在场，目睹了事件的全过程。在最初的几分钟内，学生尚能镇定地联系家长，但随着骨折处充血肿胀，学生剧烈疼痛几近休克，任课教师也因无相关处理经验而紧张焦虑到无所适从。那畸形的手臂、扭曲的面孔和瘫软的身体，每每提及仍历历在目。

体育从来都不是绝对安全的。2017年5月19日，浙江新闻播报了杭州一天内有两位年轻人因健身跑而猝死的新闻。5月22日，《中国教育报》

报道了大连某初三学生在体育测试时发生意外的消息。而在6月5日，北京北控的科特迪瓦外援蒂奥特在正常训练中，突然倒地昏迷，紧急送往地坛医院抢救后还是不幸身亡。这一天离他31岁的生日仅差16天，距他加盟中甲仅过了四个月。由此可见，无论是专业运动员、健身爱好者，还是在校学生，在参加体育活动时都有发生意外的可能。当灾难和意外降临的时候，从来就没有有惊无险的侥幸，也没有经历风雨的彩虹，痛苦将会是回忆的全部！

但作为以“健康第一”为指导思想的体育学科教师，我们不可能也没办法因噎废食。作为体育老师，为了不辜负学校、家长和学生的信任，为了学生能够安全、快乐和健康地参与体育活动，我们必须与潜伏着意外的体育打交道。监督学生的准备活动是否到位，并说明活动的必要性；提醒学生是否清楚了动作要点和组织方法，以免发生不必要的失误；制止学生不安全的课堂行为，并借助案例晓以利害。尊其师的孩子，遵守了；厌其烦的孩子，逃避了。实际上，体育教师何尝不厌烦将痛苦的案例重现，再次在记忆的伤口上撒盐。我们只能祈祷，学生们可以从案例中而不是亲历里，积累必要的体育安全意识，形成良好的行为习惯。

作为初中体育教师，我认为那个在50米终点跳出来拦截同学的画面，只有可能发生在小学的体育课上。躺在地上打个滚，跳起来拉下同学，都是教师能够包容的小动作。只是没想到，从教近二十年来我没有在小学体育课上见到此景，却在今天我自己的初中体育课上发生此幕，让我不由得惊诧和彷徨！倒是想起了一位在职高任教的朋友常提起的教学情境：学生上课随意走动或伏案酣睡，顶撞教师管理或挑战底线。这是多么不可思议的教学样态啊！我们承认价值多元构成，认同学生多维发展，但绝不能任由学生随性放纵。毫无疑问，教育不可能一蹴而就，它需要我们拿出知识方法、责任担当、爱和勇气！

首先是发挥教育合力，人人都是德育工作者。对于初中生来讲，他们没有什么城府，也不擅长掩饰。学生的良好素养可能需要舞台才能展现，但不良的行为习惯却往往体现于整个在校的学习生活中。一个自控能力弱的孩子，无论是在语文课上还是在体育课上，都会有一些这方面的表现。一个用过体育器材不愿意主动送还的学生，是不可能捡起自己不小心掉落的垃圾的。所以，我们需要一个严整、严密、严实的德育环境，无论是执行学校的校规校纪，还是灌输社会的公德价值，我们每一位同仁都不能成为木桶的短板。德育，人人都是参与者，因为我们无法退缩。

其次是善于疏堵结合，从讲文明懂礼貌开始。浙江人杰地灵，在我们的周围就遗留着上古遗迹，其中以大禹陵最为出名。睿智、坚持、付出，疏堵结合才滋养了吴越文化。对学生的不文明行为老师应该积极纠正，对于恶劣的行为必须给予惩戒。同时，我们还应该有所疏导，以求标本兼治。小学低年级的孩子，见到老师总是能够阳光礼貌地敬礼问好，让人如沐春风。这时，不需要怀疑，我们已经真切地感受到孩子们对老师的尊敬、信服和爱戴。我相信，这时候他们不但能够在我们面前也能够在我们身后，捡起别人掉落的垃圾。

最后是创新教育方式，对学生问题进行研究。没有任何事物是孤立自发存在的，学生不良的行为习惯可能来自家庭教育、信息环境和社会影响，但作为学生每天学习生活的学校，总或多或少地构成了他们成长环境的一部分。发现问题，提炼课题，即便进行个案研究，也能给人帮助和提供参考。比如期待效应、习得无助、猴群特征等，可以从社会学、管理学、教育学的角度进行研究，当我们真的理性思考时，我们已不再用情绪去处理问题。

我们面对怎样的未来，取决于我们今天的教育。“为恶而畏人知，恶中犹有善路”，不嫌弃、不放弃、不抛弃，明天会更好。

钱塘毅行

1935年12月9日，一群爱国学生走上街头举行抗日救国示威游行，从此这一天被赋予了不一样的意义。即便八十多年后，社会各界仍会通过庄重的仪式活动去追忆和缅怀这一历史。为什么封建王朝比比皆是的万人拼杀不曾让人祭奠，而近代史上的千人游行却让人铭记？那一定是前者的野蛮掠夺和残酷杀戮激起了民怨，而后者为国之危亡的呐喊和救亡图存的大义则感动了人心。

在繁华的城市里，要确保全校学生集体出行安全有序，着实要花些心思和费些力气。不但要提前规划路线、落实安保、协调人员，还必须上报主管部门备案。而体育教师往往会被派到最为关键的路口，承担队伍调控和交通疏导工作。目送最后一批学生通过路口走向钱塘江边，用自己的身体挡在汽车前面的我也友好地向静候的司机致敬后，紧张的疏导工作暂时告一段落。

跟随在学生毅行队伍的后面，钱塘江愈来愈近地横亘在眼前，对面的山峦也在若隐若现地勾勒着一江山水。忽然，一支整齐的队伍由对面的馒头山顶急速而下，我正在惊诧这是哪儿来的“飞侠”，近了才发现是那南迁的候鸟。许是它们也在宣讲当年青春热血的故事，否则怎会有这般巧合的隔江相望与旌旗应和。

钱塘江上升腾的水汽搅和着城市低沉的雾霾，这样的水天一色，不但凝结了空气，更让人觉得似乎无法自由呼吸，但这并不能束缚年轻的心，我紧紧跟随着学生轻快的脚步。我的第二项任务是给学生敲毅行路线的站点纪念章，尽管连续敲章几百次让手指痉挛，但被孩子们簇拥在中间，那种从未有过的被需要感，早已让人忘记疲惫。

再次跟随毅行队伍，不知不觉就到了钱塘江大桥旁。看着那跨越江面的钢铁长龙，不由得感慨，经历了八十多年风吹雨打的公铁大桥，依然可以正常通行，承载着经济发展的重负，这就是民族工业的骄傲。

以人为鉴，可以明得失；以史为鉴，可以知兴替。毅行在钱塘，纪念，缅怀，激励！

（本文写于2016年12月9日）

三位校长

这世界上最远的路是心与心的距离！这距离可能是你在台上颐指气使，也可能是我在台下沉默对峙；可能是你恃才傲物，也可能是我自惭形秽。但一定不要忘记，这世上有一点不能泯灭，那就是秉承对人起码的理解和尊重，维护读书人起码的尊严和体面。

古埃及有句谚语：生命惧怕时间，而时间惧怕金字塔。千年积淀，百年孤独，无外乎为了在世间说一些实在话和做一些平凡事！我为有一批与我经历相仿、志趣相投、目标相合的同事感到庆幸！多少次并肩前行，多少回相逢一笑，才有了每每想起的温暖和振奋！

所以，搞业务的请一定记住，工作要追求极致，因为这是使命！搞管理的请一定记住，工作要追求最满意，因为这是职责！柏拉图被卖为奴，让他知道了理想国只能在梦中。米开朗基罗被拉去画画和堆雪人，让他知道了英雄还需用武之地。英国工人砸机器，才让资本家知道了效益最大化也需要有最基础的供养！

我不知道，我所处的现在，会在未来让我明白什么！就让我们拭目以待吧！

工作最尽力的时候，是入职之初在前进初中的四年。那里的校长视我如兄弟，工作的愿景是“江山社稷”，所以我们才可以把武术做成一鸣惊人的大事。当然他也会给像我这样的外地老师发电话卡以便我们倾诉乡情思念，逢年过节他组织大家聚餐以沟通情感，其实我们都喜欢这些旁人眼中嘘寒问暖的小事。即便调离多年，我仍能从别人嘴里听到，他讲述的我的好。他仍会在我迷茫之时为我的前途把脉，为我的事业设计。没有他，就没有我事业发展和职业认同的根，也不会有我的“火线”入党、分管团队工作和成为杭州市教坛新秀等。

工作最尽心的时候，是调入高桥金帆实验学校工作的那几年。那里的校长是兄长、是朋友，工作的愿景是“建功立业”，所以我们才开创了萧山学校体育的传奇佳话。他可以在会议上不加掩饰地赞赏、表扬体育学科，那份信任甚至依赖，那份肯定甚至维护，让我觉得我始终是最优秀而独特的。其实我最喜欢他在会议上讲的“体育教师可以八点钟上班，因为傍晚要组织活动和训练”。就冲这一句话，从金帆学校有体育中考开始，我们的体育成绩就始终是全区四十多所学校里的绝对第一！没有他，就没有我事业的调，我也不会有成为浙江省体育学科带头人、市优秀教师和萧山区名师的机遇！

工作最尽责的时候，就要数现在了。高新实验学校的校长是事业同伴，工作愿景是“高新帝国”的“远方教育”，所以我也一直在规划新的未来。这里宣讲远方文化，推崇简单关系，着眼学生未来。当然即便在如此高大上的学校，校长也会在校门口给到校的孩子们发糖吃，也会在节日里手捧着鲜花和贺卡到办公室慰问老师。因为我们都知道规矩制度能圈住人、框住事，但锁不住心、塑不了志！没有他，就没有我事业发展的沉稳大气和蓄势待发！

感谢生命中的贵人，愿最美的祝福与最美的灵魂同在！

初心少年

人们常说，多造一所学校就是少造一座监狱。但是，失败的学校教育会却让孩子、老师和家长套上无形枷锁，这样的学校有可能成为捆绑全社会的牢笼！拼光全部时间，榨取全部精力，耗尽全部快乐，今时今日的某些教育乱象不禁让人惊诧。

正如同行所说，不谈成绩时学生都是可爱的。那么是什么让我们在谈成绩的时候，就觉得学生不可爱了呢？是恨铁不成钢的焦急？那么何以为钢？或是锦上再添花的期盼？那么何以为花？还是强将无弱兵的包袱？那么强将何在?!

曾听北京某大咖说过，之所以要把孩子送到最好的学校，是因为老师会让学生通过最高效的学习和最精选的作业达到最好的个人发展！所以，能够达到三个“最”的学校就是最好的学校！这何尝不是我们每一位教育人的期盼呢？

最近一段时间，保温杯着实火了一把。黑豹乐队鼓手赵明义手握保温杯的画面，出现在各大媒体，甚至网上的同款保温杯已经严重脱销。因为谁也不会想到曾经长发披肩生活在闪光灯下的摇滚歌手，会变成手握保温杯平淡安然地坐在角落里的中年大叔。这种强烈的反差不由自主地激起了人们关于时光流转和生命情怀的感想，就连中国教育报微信公众号也刊发了题为《老师，愿你手握保温杯，归来仍是少年》的文章。然而，情怀即便再感人，也无法掩饰无奈的黯然和不舍的忧伤。

杭州萧山是贺知章的故乡，现在萧山还有很多关于他的雕塑。其中湘湖湖山广场有一幅关于《回乡偶书》场景的雕塑令我印象深刻，那镌刻在铜墙铁壁上“少小离家老大回，乡音无改鬓毛衰。儿童相见不相识，笑问客从何处来”的诗句，无时无刻不在揭示着情怀的现实状况。此刻，我竟不由得想起了“人生不是赛场，理想不容退场”这句话。无论何时何地何事，只要我们松手了、离开了、放弃了，归来时都不可能仍是少年，因为从离开的那一刻开始，就已经是帷幕缓降和黄昏将近。

从教师职业角度来讲，我最庆幸的就是一直以来都没有离开过我的课堂、我的教学和我的学生。记得董老师曾说过：“与孩子们在一起的时候，我看不到自己的脸庞，但我能从他们的脸上看到我的脸的映射，看到阳光活力和青春快乐。为此，我最快乐的就是在教育学生的同时，也感动了自己。”基于这样的情感底蕴，我谈一下我对九年级体育工作的几点感想和感谢。

首先，我要感谢领导的重视。马克思主义经济学认为，人类社会活动的经济学本质是价格与价值的纠缠和平衡。当人们趋利避害、避重就轻时，那是价格思维；而当人们勇挑重担、敢为人先时，那是价值思考。当一个人的价格被高估时，他会想方设法提升价值，以免归零；而当一个人的价值被低估时，他只能义无反顾地重塑价格，以防折本。

完成别人认为不可能完成或者不愿意去完成的事情，这就是一个人的价值所在。以前我并没有过多在意学校拟定的中考目标，但在现在的客观背景下，我更重视目标的仪式感和激励性。无论如何，我的工作目标始终都是“务求人人满意，力求人人满分”。

其次，我要感谢班主任的信任。亚里士多德是传统逻辑学的开山鼻祖，他提出了著名的三段论。如果你的钞票在你的钱包里，而你的钱包又在你的口袋里，那么你的钞票就在你的口袋里。即由小前提和大前提，从而引申得出结论。在我十六年的工作历程中，我先是在萧山最偏远的农村初中工作了九年。最开始每周十八节课，下午连喝水的时间都没有，但中考体育成绩也只能算是皆大欢喜，从没有想过也没有获得过全区第一。后来我在高桥金帆学校工作了五年，配合学校要求，一手建立了学校体育的运维体系，体育中考成绩年年在全区四十多所学校里排第一。甚至后来我因教师编制和工作关系问题要调走，领导还会频频挽留并有诸多不舍。我跟领导说，金帆创造的辉煌体育成绩，肯定离不开体育教师的因素，但归根结底是学校运行系统的成效。后来果然印证了我的判断，我调走两年多了，金帆的体育成绩仍旧是全区第一。

为了营造积极良好的大前提，在这里我希望班主任老师能够配合我做好三方面的工作。一是思想工作。在学习方面，班主任比学生家长还要了解学生。体育老师面对的是多个班级的学生，最多只能做到粗中有细。对于学生的体育学习基础、态度和情况，班主任要做到心中有数，并利用家访和家长会等机会做好学生和家长的思想工作，提前做好弱项应对和免考调查等工作。二是指导工作。班主任和副班主任在每天体育大课间时，要配合体育教师做好学生练习的检查督促和指导提示工作。反正大课间您也来了，就让我们全身心投入吧，因为我们的目标是一致的。三是反馈工作。没有全方位的训练反馈，就没有最适合的练习方案。特别是对于运动疲劳和预防损伤情况，班主任更要做好反馈工作。比如学生感冒发烧的多了，教室里上课困倦和睡觉的情况有了，学生腰酸、背痛、腿抽筋的叫喊声大了，这时我们就要考虑调整运动负荷了。

再次，我要感谢教研组的配合。笛卡尔说，关于方法的知识是最有用的知识。体育教师如果能够针对学生不同的情况做出三种方法预设，那是令人敬佩的水准。但如果学校针对同一类型的学生却有三种不同类型的技术教学，那是令人尴尬的事情。从实心球教学实践来看，对于绝大多数初中生来讲，头上持球的预拉伸动作方法，符合学生骨骼肌肉韧性大的身体发育特点。而对于部分柔韧性较差的学生来讲，采用快摆反弹动作方法，更有利于发挥他们关节稳定性强的身体特性。而高考实心球使用较多的双脚平行后仰跳步技术，可能更适合那些腰腹力量好的学生，而这一技术我们平时往往介绍得较少。为学生寻找最为适合的技术动作方法，这离不开教研组的配合。

最后，我要感谢大家耐心听我发言。有领导的重视，有班主任的信任，有教研组的配合，有你们的一路相伴，我相信无论离去或是归来，我们永远都是少年！

人潮人海中，又见到你，一样迷人一样美丽……

（本文写于2017年8月25日，是作者在杭州高新实验学校开学工作会议上的发言稿）

论体育考

高新实验学校的体育中考，只有满分目标，没有最好成绩。三年前，我初到高新就接手初三体育教学。吴校长问我中考目标是什么，我当时就提出“人人满分，人人满意”是我的终极目标。这是因为当前的体育中考的性质是水平考试，只要学生认真上好体育课，积极参加体育锻炼就能取得较好成绩。而且，杭州体育中考又以身体素质内容为主，两次考试，自主选项并择优计分。

这使得杭州地区的体育中考成绩连年保持较高水平，很多民办学校更是多年保持全员满分的好成绩。面临即将决定命运的中考，面对高手如林的角逐，哪怕只是多一分都会甩开几百位竞争者，就算是差半分也可能与梦想失之交臂。为此，同学们必须树立满分的目标，并毫不犹豫地付诸努力。

高新的体育中考，只有超常发挥，没有意外失误。《功夫熊猫》里的“龟大师”曾说过，这世界从来没有什么意外，也没有什么偶然。我们能够在高新相遇就是最好的安排，老师所有的努力都是为了让同学们在任何时间、任何地点，从容应对任何挑战。因为我们有由校长、家长和老师组成的强大的初三团队。即便是同学们这三年看似平常的大课间跑步，都包含着我们长远的策略和缜密的安排。比如初一要齐，磨炼品质；初二要快，找到节奏；初三要冲，提升个体。就算到了全封闭的体育中考考场，同学们还是能感受到我们的支持、鼓励和关爱。当然光有这些还不够，还需要同学们全力以赴地去拼搏。从现在起，请珍惜每一分每一秒，时间会让付出变成沉甸甸的收获。同学们还要积极调适身心，以最佳的应考状态迎接考试。不要为一次满分而沾沾自喜，也不要因为偶然的提高而故步自封，同学们现在最需要的就是稳定的发挥和良好的适应。

高新的体育中考，只有首战告捷，没有亡羊补牢。同样的机会对于任何人来讲都有且只有一次，努力越早收获越大。当前的初中升学考试，总体来讲还是选拔性的择优考试。无论大家以往多么优秀，也无论大家平时多么努力，如果最终的考试结果不够理想，那么都无法达成自己的目标，所以我们必须牢牢把握机会。客观来讲，学校、家长、老师重视体育中考，并不仅仅是因为体育中考的分数，因为即便申请免测，单科都有7分可以拿，大家更加看重体育中考的抓手作用，希望通过体育中考，让同学们快速地进入中考备考状态，激发出自己的最大能量。

如果同学们第一次考试不能得到满分，那么将面临非常尴尬的境地。从以往的情况来看，第一次考试以后各班级没有得到满分的同学也就三五个人。为此学校会调整大课间的时间和内容，甚至取消集体的大课间锻炼，学校不太可能让满分的同学每天仍旧跑六圈，仍旧跳绳和做俯卧撑。而在体育课上，获得满分的同学，会更多地进行自主的体育活动，但没得到满分的同学只能继续进行练习。当别人全身心地准备文化课考试的时候，没得到满分的同学还要进行一个月左右的体育锻炼，在这样的身心压力下的学习感受，可想而知。

所以，请同学们必须树立满分目标，坚信自己能够超常发挥，全力以赴地实现首战告捷。

小荷初露

与年轻人相比，乍看我们70年代出生的人，强在事业心上，强在目标明确上，强在更加珍惜机会上。而年轻一代的人，则拥有大把的时间、大把的机遇、大把的梦想，年轻本身就代表着更多的机会和更长的未来。

我不由在想，我们的理想是更加成熟、更加精炼，还是更加干涸？我们的理想可以美其名曰大浪淘沙、水落石出，但只有潺潺碧水方可承载梦想之舟，也只有基岩裸露的溪床才能经得住岁月的冲刷！所以，我们不但要保持年轻的体魄，更要保持年轻的心态，唯有如此方能与时俱进，与史同舟，有效转换专业发展路径。

经验型教师与研究型教师的最大区别在于，前者用90%的时间走别人走过的路，然后无路可走；而后者则是用90%的时间研究别人走的路，然后走自己的路！凡是你重视的、认真对待的、付出的，即是你习得的、感悟的、收获的！所有的纷扰只是为了让人们能够从复杂的思绪中厘清主次，寻求根本；而那些煎熬则让人们的情绪通过一次次沸腾来析出杂质变得纯净，即便是苦难也是为了让人们能够早点懂得生活并更加珍惜幸福。

当有很多事情需要我们去做时，这充分说明了我们的价值，其实人最怕的是无所事事！当很多事情只有我们能做的时候，则自然体现了我们的价值。其实，我们应该关注的不应只是我们在做什么，还有我们想做什么，能做什么。

我到高新实验学校工作已经四年多了，一直默默无闻地深耕于教学一线。除了在区里担任导航站导师，在区外开展一些讲座和教学交流外，在校园里一直延续低调的作风，以至于个别人常跟我提及“墙内开花墙外香”。但作为一位普通教师，我不可能大言不惭地好为人师，自说自话地上门指教同事。也许多少有些这样的教育生态因素吧，组内教师在体育教学评比这一块，印象中送到片区参加评比的寥寥无几。

而今年则大有不同，我们倾尽所有力量磨课攻坚，终于取得令人骄傲的成绩。办公室里坐在我对面的那位老师，以第一名的成绩获得滨江区教学评比一等奖。这比我自己获奖还要让我开心、骄傲和自豪。因为，我终于在高新实验学校推动了一位年轻教师业务方面的快速成长。因为，终于让个别人嘴里所谓的“墙内开花墙外香”不攻自破。因为，我终于在别人无可替代的关键时刻展露了一下名师的应有实力。

其实，教师的成长，离不开团队支持，离不开价值认同，离不开自我实现。记得我的工作室公开纳新时，这位老师就能以实际行动站在合适的位置上。公布展示课推选方案，她一丝不苟地完成各项任务。工作室外出开展教研活动，她克服困难积极参与学习。所以才会有我最投入地参与她的磨课，并将她的课定位在国内前列水准。

其实，对这件事小题大做并不符合我的一贯行事风格，但欣喜于年轻教师的孜孜以求和不断成长，感怀于团队建设发展的进步，怀念着那些一路走来工作生活中的点滴。突然发现，确有必要为此发声，以激励更多的年轻教师坚定专业发展之路。

与什么人在一起，决定了一个人的层次；而在一起做什么，则决定了一个人的品位。小荷已露尖尖角，年轻的朋友们，继续加油！

（本文写于2019年11月8日）

管窥二小

早就知道小炎兄弟已荣升正校长，尽管是在靠近绍兴的益农二小，但仍为他能有更宽阔的发展平台而高兴。他是中等师范学校学生中的优秀代表，当年很多成绩很好的孩子都去考了中等师范学校，时代也给了他们更多的眷顾和更大的回报。

他们年轻有为、事业有成，成为同龄教师中的佼佼者。特别是全科教育背景，让他们更加具有教育家底蕴。得天独厚的时代背景，谦卑儒雅的个性为人，睿智强韧的专业发展，自然也让这位体育名师成为校长变得顺理成章。

受小炎兄弟邀请，到真正的“兄弟单位”学习交流，内心充满了兴奋和激动。从单位驱车出发，沿机场高速一路开到柯桥再回转。导航里“您已进入杭州市萧山区”的声音，让我着实体会到一种宾至如归的感觉，不由得感慨大湾区时代的交通发达。

在导航软件宁愿多转十个弯也不多走十米路的执拗下，我竟然七转八弯地开到了乡间小路。春季最美的油菜花，江南特有的石板桥，萧山豪华的小别墅，我仿佛在峰回路转里徜徉在时空隧道。这些都曾经是我工作之初最熟悉和最亲切的景物啊。

若不是担心对面来车无法在这单行道上会车通行，我真想停下来，走近那河边，走进那花海，品味那些似乎不断重复的光景。一条未见波澜的小河，一排没有风动的垂柳，静静地掩映着淡蓝色的校园。跨过校门口的小桥，整洁素雅的校园便会以最别致的构图和最恰当的配色，映入每一位来访者的眼帘。

门口保安严肃而不失礼貌地进行访客登记，这已经体现了一位新晋校长的管理水平；操场上远远传过来的大课间指令，展示了一位体育教师出身的校长的专业水准；放眼校园里随处可见的人文陈设，则彰显出这位名师校长的教育情怀。

益农二小不简单！不单是因为这里有一位懂体育、有情怀的名师校长，也不单是因为这里的师生人人都会打太极拳，而是因为这里有表里如一的教学品质和道法自然的教育样态。

在这样一所百分之七十都是外地生源的边远小学，无论与几年级的孩子相遇，都能看到天真快乐的笑脸，都能听到一声亲切大方的“老师好”。在这样一所教师年龄结构呈两极分化状态的农村学校，无论是谁承担教学展示任务，分管领导、班主任、教研组和任课教师都竭尽所能、全力以赴。在这样一所可以把太极攻防演练作为小学低段教学展示重点的学校里，一切外来的形而上和空对空都显得多余，他们已经用成果实证了他们的行动，而他们所要做的就是如何选择更好的角度和突出更多的亮点。

看课交流，用过便餐，临别送行时我不无感慨地对小炎说：“真的要感谢你为这里所做的一切，也恭喜你有了更加宽阔的发展平台。”而他则谦虚地说：“我来这里工作的时间比这里的太极发展时间要短，而我要努力的路比我与这所学校同行的路要长。”

那一刻我除了寒暄道别，还有发自内心的仰慕佩服。我终于再次遇见了这么多年一直推动我前行的那份真善美，这份情怀，质朴无华，宁静致远。看着后视镜中逐渐缩小的人像，时而用亮黄填满车窗的油菜花田仿佛在提醒我已经踏上了一段新的旅程。

英雄造时势，时势造英雄。有时候看似我们做了什么、成全了什么，这何尝不也是我们获得了什么、成就了什么。当我们在努力朝着理想奋进时，殊不知此刻我们也就是理想啊。

（本文写于2019年4月5日）

送教坝芒

我知道自己已经徘徊了许久，因为在这个繁华世界里，我总怕自己的梦想追不上脚步。于是我任凭眼前时光流逝，也要积聚岁月不惑的沧桑。我一定迷茫过，因为我开始相信命运。我也一定犹豫过，因为我开始等待和守候。直到我来到贵州，走进麻江，际遇坝芒，我尘封已久的情愫才再次开始发酵，停滞不前的理想再次开始酝酿。

是十八弯的山路让我感受到了从未有过的热情。拦门酒只有出现在这里，才最真挚淳朴，才最得体大方，才最热情奔放。门前饮一杯甘甜的美酒，进校的每一步都变得热情高涨。不大的操场上，盛装的师生早已列队等候。整个坝芒校园内，能够凸显尊贵的地方都有我们的身影。隆重的仪式里，无处不体现着他们对本次交流活动的重视。

若不是校园里的榆树吸引了我，我相信自己会一直沉浸在那被奉为上宾的感觉里。甚至有那么一瞬间我曾经感受到内心一闪而过的，在经济发达地区工作生活的小小优越感。也许还曾联想过，这场上热烈的气氛与台上堆放的捐赠物品之间的关系。直到我仰望的视线瞄到操场边的榆树，那粗壮的树干和高擎的树冠，竟让人感受到这个校园特有的品格和傲气，独树一帜，不屈不挠。它像极了爷爷家老屋后面的榆树，始终不畏严寒酷暑，坚守着四季轮回。

后来的交流印证了我的直觉。这里的孩子虽然物质生活一般，甚至在我们看来有些身形清瘦和营养不良，但他们也从不轻易接受别人的馈赠。一位四年级的小女孩获赠了几本书，她用自己亲手缝制的绣花鞋垫做回礼。当地结对孩子介绍最多的是自己的校园生活，而不是对结对的物质期盼或帮扶索取。

正如当地领导和教师所说，这里最紧缺的是教育理念的更新和提升，最需要的是社会各界的关注和支持。正是有了麻江教师到高新挂职学习后的良好成效，才有了高新教师到麻江送教时受到的热烈欢迎。作为本次送教活动的内容之一，我开设的模拟上课讲座为坝芒教师带去了新的教研思考。我并未期许他们对我所讲内容能够即时呼应，只要他们在未来需要之时能够对我的讲座有所印象，就足以令人欣慰。

不轻受同情怜悯，努力自强不息，这就是坝芒。只有湛蓝的天空，翠绿的远山和灵秀的水土，才能哺育出这样坚强的臂膀、乐观的精神和不屈的灵魂。于是，我也开始在心里澄净天空，在路上重植新绿，在脚下深耕沃土，期许着下一次的人生际遇！

（本文写于2017年5月12日）

第三编

名师之路　行在路上

一个人的价值，不只是他得到了多少，还有他为集体为他人做了多少；不只是他现在做了多少，还有他将来想做多少、能做多少。所以，我们每个人都应当保有对自己的尊重，并自视能配得上最高尚的东西。

任何时候，『名师』都不单单是一种荣誉。名师是肯定，是激励，更是鞭策；名师是责任，是期望，更是起点。所以，只要你行走在路上，你就是众望所归；如果谁背道而驰，也必然会渐行渐远。

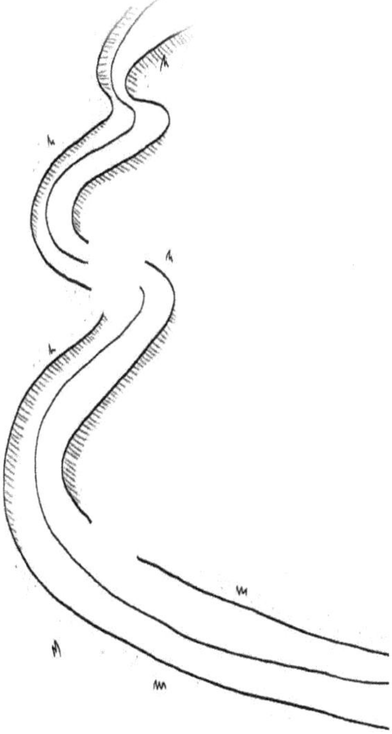

行路歌者

所谓责任心、事业心、上进心，就是那种不弄到清楚明白、不做到十足把握、不拼个更高更强，就辗转反侧、难以安寐的念想！好多事情，当别人都看透了、看懂了、看开了，而我们自己还沉浸其中，那就是执着！

在电影《127小时》里，阿伦·罗斯顿曾说过："这块石头，一直在我的生命里等着我。从几亿年前的陨石开始，穿过宇宙，就等着到这儿来，它是我这辈子的宿命。从我出生开始，每次呼吸，每个行动，都把我引到这里来，这块大地的这个裂缝。"

我忽然在想，今时今日，之所以是我在这里通过这样的方式与大家交流心声，并不是因为我多么与众不同，而是因为此时此刻，我更适合来完成我在这里为你们守候的使命。朋友们，我不但跟你们一样曾经年少过，似乎迷茫过，并为当下努力着，还一直把你们视作我最亲爱的知心朋友和最珍贵的生命养分。正是这样的情感和认识，让我有勇气与大家分享我的成长点滴，希望能给你们带来些许的参考和启发。

首先，抉择比努力重要，这决定了我们想成为怎样的人！

在我的求学生涯中有个难忘的场景让我记忆犹新，并一直影响着我的学习态度和价值观念。那是小学一年级第一学期初始，老师留的语文作业是熟读和默写生字。也许是年少贪玩，我竟然没有认真完成作业和掌握全部生字。结果在课堂听写过程中，看着老师拿着课本巡回检查，我真的是紧张到心都快跳到嗓子眼了。而邻桌的留级生似乎看出了我的忐忑，故意用手遮挡着听写本，生怕被我抄了去，还幸灾乐祸似的笑嘻嘻地重复着听写的生字：“人，口，手，上，中，下。”尽管那天我很“幸运”，没有被老师发现未写出全部生字，但我永远记住了那份尴尬，并让我第一次深切地感受到，我想要成为怎样的人。

从此，我对待学习一丝不苟，认真而努力。第二年，在那所并不大的乡村小学里，校长在全校师生面前为我别上了“三好学生”的胸章，还颁发了那个年代的“奢侈”奖品——钢笔和笔记本。后来，在四年级时我被学校破格推荐为共青团员，跟着老师专门到镇上拍证件照，这待遇绝对不亚于过六一儿童节。小学毕业前，我还代表学校参加了镇里组织的数学竞赛，获得了我个人也可能是那所小学的第一张镇级证书。而后，我以全校第一名的成绩考上初中，成了每天骑车往返十二公里的通校生。到现在我还记得，在雨后泥泞的乡村道路上推着自行车的坎坷，还记得北方冰天雪地里呼气成霜的刺痛。也许正是这样的艰苦环境和学习经历，让我从初一开始始终保持班级第一名的成绩，并从全年级六个班的第四十五名逐步提升到第五名、第四名，直到全校第一名。初三时，我代表学校参加全国生物竞赛，获得了黑龙江省赛区三等奖，并以中考提前交卷的“傲娇”，考取了市里唯一的省重点中学，成为一名公费生。

至此，我从一个曾经没完成作业的孩子，成了旁人口中“别人家的孩子”！只是很多老师和同学并不知道，在学校的围墙边、马路旁都曾留下我朗读背诵的足迹，在宿舍的餐桌上、被窝里也曾有过我秉烛夜读的目光。我会在上课前一天预习熟读所有的概念性知识，然后在课堂上用更多的精力掌握灵活的方法性知识。我会跟同学在课间一起疯一起玩，但从不会在课上落下一道题一个知识点。那时候的我，欣喜于自己的付出和收获，总是期盼着早点考试，以检验和证明自己的努力。事实证明，付出就有收获。这段求学经历让我明白，真正聪明的学生总是想方设法提升学业并富有学习成效，真正智慧的学生总是无时无刻不在提醒自己想成为怎样的人。

其次，践行比成功重要，这决定了我们能成为怎样的人！

大学毕业后，我与爱人来到杭州萧山参加工作。我因为嫌弃路途遥远，果断拒绝了离萧山城区十五公里的一所学校，然后反而去了别人推荐的距离城区五十公里的边远学校。不善于自我经营又经不住别人的热情推荐，所以我来到了萧山最为偏远的、同事口中的“东伯利亚”，成为那所学校第一个师范专业大学本科毕业的教师。每天屈指可数的公交车，天黑后寂寥无人的街道，闪着萤火虫的幽光的操场，这样的环境，没有网络、没有电视、没有什么学习渠道和休闲途径，这对于而今的大学毕业生来讲几乎是不可接受的灾难。

但我发现慢慢地，我喜欢上了这里的纯朴，在这里信任可以激起担当；我也喜欢这里的无私，在这里支持可以成就奉献；我更喜欢这里的和谐，在这里融洽可以汇聚力量。尽管参加工作后我自己上全校九个班的十八节体育课，但这样的艰苦条件也成就了我的专项特长。我会乘上每天只有一班的客车，颠簸两个小时到庆春路的新华书店，查阅购买工作需要的报刊书籍和音像资料。我会利用每天茶余饭后的时间，反复学习、推敲和演练体育动作技术，为打造特色教学做好准备。工作一年后，萧山区教育局局长在观看学校首届武术节时，喊出了“看武术到前进”的响亮口号。学校连续举办了五届主题丰富、形式多样的武术节，在全国武术邀请赛和杭州市全民运动会上屡创佳绩，学校被评选为“浙江省体育特色学校（武术）”和“全国学校体育工作示范学校（武术）”。我也被学校推选为团总支书记，工作三年后加入了中国共产党，多次被评为校先进教师、镇先进教师和区名教师、市课改优秀教师等。

可以说，对待自己，我做到了吃苦耐劳；对待集体，我做到了问心无愧。我至今仍旧觉得不可思议，从来没有见过现场舞龙舞狮的我，是如何在下班后用废旧条幅和竹竿竹条捆扎出一条龙和两具舞狮；是如何利用体育课教会全校所有孩子二十四式太极拳和初级棍术，以及每个年级一套拳术和器械；是如何利用课余和周末时间现学现卖，让我训练出的队员在杭州市运会上打败体校生获得金牌。也许是精诚所至，也许是众志成城，也许是天地人和，但终究不可否认的是通过自己的努力，我成了一所学校、一段时期、一个品牌的关键要素。只要我们相信理想、勤于实践、乐于付出，就可以成为被集体需要、受人们欢迎、能自我实现的人。

最后，快乐比富有重要，这决定了我们该成为怎样的人！

作为人民教师，我们的荣誉和成就，更多的是通过自己的学生得以体现的。但教师的业务提升和专业成长，却必须用自己的拼搏和奋斗去实现。工作之初，从编制教学进度表到运动会兼项表，从踏踏实实上好每节课到兢兢业业完成教学任务，我始终乐在其中。四年后，我的展示课登上了萧山区基础教育课程改革巡礼活动的舞台，我执教的录像课获得了杭州市录像课评比优质课。正当我自以为具备了一定的教学水准时，参加杭州市优质课评比的铩羽而归，让我不得不接受残酷的现实。抛开第一次参赛时自己因工作关系调动而心烦意乱，第二次参赛时明明是指定内容评比但却有自选内容获第一等因素，毫无疑问自己尚不具备获得更高奖项的综合素质。仔细想来，工作三年后我才第一次听到市教研员的课改讲座，工作六年后才第一次见到省教研员的课程报告，这样的经历，对于今天杭州绝大多数教师来讲是不可思议的落后。

于是，我一直积极地准备并时刻等待着“我就是标准、就是答案”的那个时机。2011年，我迎来了工作后唯一一次杭州市教学设计和现场说课比赛。一篇教学设计近五千字，透彻的分析、扎实的教学、深入的思考，让我顺理成章地获得了杭州市教学设计一等奖。而为了迎接随后的现场说课评比，我更是想方设法提升自己的说课水平。借鉴全国一等奖的跨学科模式，制作提纲式PPT讲稿，不断优化说课讲稿和语言。每天我都会拿着秒表对着镜子熟读背诵，直到规定的十二分钟的说课可以完全脱稿，并将时间误差控制在十秒以内。在参加现场说课的那天早上，我在办公室外的体育组公告栏里写道：“同学们，我去参加杭州市说课比赛了，如果不成功我就不回来了！”在现场说课后，杭州市某位教研员曾向区教研员打听我的信息，区教研员骄傲地告诉他说：“这是萧山从北方引进的人才。”多年后其他区的某位教研员还告诉我：“听说当时你是毫无争议的第一名。”就这样，我从连续两次的第二名，成为毫无争议的“双冠王者”。在那天回来的路上，我的车里一直播放着刘德华的两首歌：《今天》和《掌声响起来》！

当年语文中考全校第一的底子成为我个性化发展的重要基础，工作后十年磨一剑的实践经验成为我差异化发展的重要支点，考取浙江大学体育专业硕士并用三年时间自费修完全部课程成为我优质化发展的重要契机。大学毕业论文被评为优秀毕业论文，工作后连续获得萧山年会论文和专题论文第一名。后来，我又出版了一本学术专著，发表了一篇CSSCI期刊论文和40余篇专业论文，主持国家级资助课题、市教研重点课题多项。我还担任了宁夏回族自治区的国培讲师、浙江师范大学的省培教师，成为杭州网络名师工作室名师、滨江区名师导航站导师和萧山区兼职教研员等。而今，我成为杭州市教研新秀、杭州市优秀教师、浙江省初中体育学科带头人。

回首往事，我用了十四年的时间，从萧山最偏远的农村学校，走到了杭州市主城区的实验学校。用近二十年的努力，与头脑简单的旧认知分离，靠近德才兼备的新形象。用三十多年的笃行，告诉自己我想成为怎样的人、能成为怎样的人、该成为怎样的人。

希望我的故事能够触发大家的一些思考，为你们实现梦想提供参考和集聚能量。

舞者谦卑

杨绛先生说，惟有身处卑微的人，最有机缘看到世态人情的真相。一个人不想攀高就不怕跌落，也不用倾轧排挤，可以保其天真，成其自然，潜心一志完成自己能做的事。

虽然我也品服了先生的鸡汤，但我自认为仍旧反应迟钝。也许是我这样卑微的人，连应答也会显得势微吧。但我相信人们除了接纳最为感性的色彩，也一定还有关乎内心的本质需求。正如稀释的鸡汤，消其形，取其精，调补人之神魄。这像极了每一位生活在希望之中的舞者，他们或是在骨碎形销地成为能量，或是在奔向涅槃重生成为凤凰，只是我们常看到后者的风华绝代，而忽视了前者的灰飞烟灭。

所以，我常思量，将个人意愿强加给本无色彩的事物，这也许就是卑微者的卑微之处吧。其实，凤凰涅槃也好，灰飞烟灭也罢，本就是一事二形，这是一种性命相和，而不是优劣取舍。只要你释放了足够的能量，你就是光鲜亮丽的凤凰。这也如我们的人生，无论我们身居何处，所侍何物，舞台都只是一个认知视角，从来都不是生存的界限。

记得2007年在温州龙港举行的浙江省初中体育教研活动，浙江省体育教研员余老师邀请绍兴的张老师为大家做科研写作报告。当时我在台下想，体育老师写文章竟然也可以登台宣讲。于是，后来我也开始写文章，求质量、讲数量。可等我小有成绩时，我发现搞科研、写文章，已经上不了台面了。在2009年的萧山区教师节表彰大会上，优秀教师上台接受表彰，胸前佩戴着大大的红花、手上拿着金灿灿的荣誉证书，着实令人羡慕。当时我在台下想，很多体育老师工作辛苦且颇多建树，竟然没有体育老师登台领奖，这事我们一定要争口气。后来，等我小有成就，也被评为杭州市优秀教师的时候，我发现那年上台的都是省级优秀教师。转眼又到了杭州市某教学评选活动，自诩为实干派的我，终于冲到了最前排。为了上好这节课，我瘦了五六斤，甚至为了上镜，雪花膏也擦了半瓶。为了能够到台上，我真是连老脸都拼了！结果，颁奖的时候，我依然没有获奖，一条路走到黑的我，仍在台下坚守。

我突然发现自己并没有想象中的那样失落，放下所有的得失心、功利心，仍会发现这一路收获满满。我忽然明白，如果我们是真正的舞者，就不会在乎我们距离舞台的中央多远。近也好、远也好，前排也好、后排也好，都要认真欣赏台上的精彩，用心品味台下的从容。舞台只是一个视角，台上台下从无界限！也许我们曾遗憾未能身处舞台中央，但我们仍旧庆幸还围绕在台前幕后。

或许是因为这些天真的想法，父亲说我不到四十岁长不大。我知道这个“长大”的年龄会在父母心里不断推迟，但我仍旧感觉到终于有了盼头，可以更加从容、坦荡和快乐地生活。于是，我开始像儿时盼着过年一样，迎接着寒来暑往，笑对着四季更迭，眼见着岁月日增，希望能在四十岁之前涜尽所有的薄雾厚霾，迎来期盼已久的阳光明媚。

那么就做真正的舞者吧。不要让世俗埋没了气魄，要么荡气回肠，要么郁郁而终，敢爱敢恨曾是风的季节。也不要让生活掩盖了真美，要么展现真我风采，要么随声附和，有声有色恰是春的芬芳。更不要让过往影响了方向，即便我们错过了三十五岁的梦想，即便我们仍旧朝向不可及的远方！

感谢一路上的贵人相助，才让我有机会用九年时间走完从前进到萧山的一百里路！感谢一路上的风雨无阻，让我又用了五年时间走过了从萧山到滨江的十公里路！再过几年，赴一场不惑之约！

行路

为师姿态

收获是因为专注，失去是因为过于专注。故得失面前，当心境平和。成功在于放下，失败在于总放不下。故成败之间，应荣辱不惊。

每位教师的专业发展都不可能一帆风顺。个人喜好和平台机遇，都可能影响和制约教师的发展。对习惯于守规则、重公平和讲义气的体育教师来讲，其工作状态和个人发展更容易受到外部因素的影响。曾经有段时间，我主动放弃任何形式的教科研评比和竞赛活动，除非是上级领导专门指定。这样的情绪不但让自己一无所获，而且还影响了工作和生活情绪，乃至影响到个人的身心健康和家庭和睦。而这对于其他人来说，充其量是八宝粥里少了几粒莲子，无伤大雅。

无论是刚参加工作的年轻教师，还是有丰富工作经历的老教师，都应该客观审视自己的专业发展，不断调整自己的工作状态，让自己处在一条相对积极舒适的通道上。因为对于个人专业发展来讲，一步迟则步步迟，一步错则可能满盘皆输。记得萧山某位领导曾做过一次面向全区名优教师和教师代表的报告。其中有一条就是老教师要多参与各项业务评比，通俗来讲就是要积极争取，而不是互相谦让。

教师的专业发展具有多样性，不但很多成功无法复制，甚至很多理念和做法也未必人人认同。从参加萧山区论文评审工作开始，我就告诉自己，为人处世需要底线。特别是对于体育教师来讲，既做运动员又做裁判员的行为是不可取的，起码自己这关都过不了。作为长期工作在教学一线的体育教师，更不可以让人家戳脊梁骨。从评上萧山区名师开始，我更是将这样的价值认知公之于众。从担任区级评审和获评名师以后，我退出所有萧山区级层面的业务比赛，把锻炼机会和区级荣誉留给那些像我一样努力工作的人，留给那些一直坚守专业发展的年轻人。

后来，无论是萧山区的论文评比，还是说课比赛，我的名字只出现在评委名单中，我的身影只端坐在评委席上。虽然很多评比都是逐级推送，不参加基层评比就无法参加更高级别评比，而且教师绩效考核和专业发展评价也是按照评比结果累计计分，但为了那句由衷的承诺，为了维护自己的德行，为了那些与我一样努力工作和不断成长的兄弟姐妹们，我仍将坚守自己的信念和做法。面对机会和荣誉，我曾经犹豫，但从未因此烦恼！

记得我曾说过，我辈要以扩大萧山在全省乃至全国的影响力为己任。如果我们这些区域专业发展的先行者，始终将目光停留在萧山的有限区间内，必然在一段相当长的时期内有碍其他教师发展。这并不是我想看到的发展局面，更不是我作为一位名师的发展愿景。

然而多年以后，我发现自己都已经找不出自己的价值了，原本的信心满满也积满了岁月尘埃。更何况，我永远也无法接受因为自己的无所作为，让那些赏识和支持我的领导和同仁失望。这样的情绪在我心底酝酿、积淀了许久。在2009年的萧山区中小学体育教学专业委员会年会上，我甚至想当着全体理事的面讲出自己的目标，以此来督促和鞭策自己。后来考虑再三，还是没有当众宣讲，因为过于高调同样不是我一贯的行事作风。当时我心中默想，如果在这一个学年我没有三篇文章在刊物上发表，我宁愿退出区中小学体育教学专业委员会。居其位、谋其职，要有所作为才对得起副理事长的身份，否则自己都不好意思。

在随后的那段时间里，我真的在用心思考和写文章。我有好多已发表的研究成果，都是那个时候写出来的。那时候，即便有令人忐忑不安、倍感焦虑的工作调动，即便是病痛难忍、手术卧床的身心俱疲，我也一直在思考着科研写作，甚至连自己做肾结石手术，我也会联系到体育教师职业病预防进行研究，所以我能多发表一些论文也就不足为奇了。所以我常想，困惑也好、挫折也罢，没有什么能够真正阻止教师执着于专业发展的脚步。一时的迷茫，一时的挫败，也许能为教师后继的发展注入更多营养，集聚更多能量。

成人之美

许久未曾这样开心畅快了。投给《体育师友》杂志的论文，编辑见稿就闪电录用，着实让人神清气爽。当然，这也因为雄飞，一个比我小一岁但混得比我好的兄弟。在他身上我看到了似曾相识的价值观——与人为善、谦卑内敛，这不是每个人都具备的。三年前我初到滨江，他就加入了我的工作室，承接活动，参与学习，从来不计得失，始终全力支持，用行动证明我们是一个团队。那么，理所当然，指导他发篇文章也是情理之中的事。与人为善应是做人的最大智慧。

于是，我突然想，遇主当逢唐太宗。致安之本，在于得人。拔人物不私于党，亲不用、仇不弃，方铸盛世太平。而拜师，当求韦罗基奥。封笔让贤，才有了达·芬奇展露才华的机会，才给了他自成一派的舞台。若是遇人，当遇娄师德。执意举荐狄仁杰而不谋其知，即便遭受狄公排挤而不相仇，好一个胸襟开阔和天下为公。可惜这样的人和这样的事，定是极其稀少而又功德无量，所以才会被万世称颂。既然我们绝大多数人都注定是劳碌奔波于生活，那么就让我们尽量扮演予人温暖的角色吧，在释放能量的过程中感受激励。

这些年来，我们在教育科研和论文写作方面是努力的。我们始终秉承思行合一，不断地践行、思索、创新和完善。从写论文不知所云，到洋洋洒洒近万言，再到而今的惜墨如金，我们越是掌握了方法，熟悉了门道，越是要对得起那白纸黑字间的肃穆。从以前的拉一把与人为善，到而今的退一步成人之美，其实，这在论文创作者的心中，已经经历了最为华美的蜕变。

感谢那些并肩前行的托付，感谢那些一路走来的信任。所有的努力，都是为了刻下此刻的我们，一群热爱教育事业、执着于专业发展的体育教师！

漫谈学习

玉不琢不成器，人不学不知义。然而不知道从何时开始，我竟然成了不爱学习的人了。大学学过的理论知识，在知识更新和颓废遗忘中，所剩无几。工作以后通过业务培训学习的知识和方法，在学习吸收和诊断推敲后，留下不多。这在倡导学习型社会的当下，是极其可怕的事情。

突然发现，我们经常会对来自外界的观点认知表示质疑，反而会对自己在实践探索中的经验积累感到窃喜。但这并不是真正的学习进步，倒更可能是认知“返祖”。因为这样的学习态度和学习方式，不可能成为学习生活的主流，更不可能成为学习的全部。

书到用时方恨少，古来修学几人成。我常跟同行提及我读大学时的“四大名捕”林教授的一句话：“一个人的业务水平，往往与拥有多少书籍相关。”为此，大学毕业后我愣是把所有的教材和其他书籍都托运到杭州。正是我这样看似盲目的信从，让我有机会从一个相对系统的书籍资料链中来了解自身专业发展的脉络体系。

而在浙大攻读硕士学位时，导师林教授更建议我用“三分法”去学习和读书。目标性学习占一半，延伸类知识的学习占三成，提升素养类的涉猎占二成。我想一定是林老师觉得学生才疏学浅吧，怕处在中年油腻中的我妄自菲薄。不过回想起来，这样的结构性学习确实比先前的阶段性学习更适合我。

大学时，曾经因为计算机老师英语口语太好，使得我这个俄语生上课仿佛鸭子听雷而最终补考，要知道在那个年代这可是直接关系到能否顺利拿到毕业证的大事。于是，我利用十一假期努力复习，竟然在统考时拿下了体育学院计算机考试仅有的两个优秀之一。

工作后，为了参评高级教师职称，我捡起了扔下十几年的俄语。从俄罗斯的名人生平到风土文化，我逐词逐句地阅读翻译每一篇考纲短文。最后参加全国职称考试，我竟然拿到了令人赞叹的好成绩，现在想来仍觉得是不可思议的幸运啊。

后来为了“双保险”，我又参加了浙江省职称英语培训和考试。每天像学儿歌一样背诵短文，培训老师发现后竟然对我大加赞赏，最终我在英语机考时一路过关。这也增加了我报考浙大体育硕士的信心，尽管我全国统考卷的英语得分基本可以忽略不计，但还是以极其靠前的名次被录取。这些应该都是目标性学习的成果吧，只是这样的学习终究难以为继，甚至都无法跟学习品质、能力和素养相关联。

所以我越来越喜欢多元化地学习。延伸类学习能够让我们尽量少看些二手文献，远离道听途说和人云亦云。素养类学习能够滋养我们的学习兴趣、提升我们的生活品质，让我们找到更加丰富的学习载体，获得更加奇妙的学习体验。而这些积累能够有效地补充目标性学习的不足。

大道至简，正道沧桑。唯有勤学修身，方能行至高远。漫谈至此，竟不由得心生惭愧，我已是许久不学习的人了，竟然对学习如此侃侃而谈，汗颜、惭愧！

参训体悟

时光荏苒，岁月如梭，从教近二十年，如白驹过隙。庆幸有感恩让岁月拉长，让回忆变得温暖如初。感谢一路走来，给予我帮助和支持的朋友们。因为我们都相信付出总有回报，勤恳耕耘的人都能拥有更宽的舞台和更美的未来。于是，我这个从未参加过国培的人，才得以给参加国培的老师做讲座；于是，我这个从未有省级课题立项的人，才得以在中国教育学会专项资助课题中立项；于是，我这个从未获得市级论文奖项的人，才得以在体育双核心期刊上发表论文。这让我更加懂得感恩和坚定信心。

五年前，我以普通教师身份成为萧山区首批名优骨干教师培训班的一员，随诸多教研员、校长和中层管理人员到浙江师范大学参加培训。五年来，除了“临阵脱逃”的我从“三不管”教师成为“宇宙滨”教师外，班里同学中的中层管理人员升为校长，校长变成大校长，名教师成了特级教师、正高级教师。而今，我再次以普通教师身份成为滨江区首批卓越教师培训班的一员，仍旧与诸多教研员、校长和中层管理人员一起参加浙江师范大学承办的培训。这似乎成为一个轮回！

我不禁在想，五年前让人激动的名优骨干培训也好，五年后我已稍显淡定的卓越教师培养也好，我究竟该背负怎样的期望和怀抱怎样的希望啊？本次参训至今，作为滨江区音、体、美学科的唯一代表，我参加了畅谈发展愿景、提升思维品质、掌握科研方法等活动。加之近期担任浙江某地体育教师网培辅导员，我对教师培训活动有了更多体悟和更深的认识。

一、取业务提升之形，成价值引导之意

教学艺术的本质不在于传授本领，而在于激励、唤醒和鼓舞，各级各类培训也是如此。不要指望通过一次、两次或是一个月、两个月的培训，就能够让教师的能力素养明显提升，更不要奢望教师的知、情、意在短期内就发生质的转变。因为经历了近二十年的基础教育和高等教育后，每位教师都在漫长的社会内化中形成了相对完备的知识体系和独特的价值认知。所以，培训活动应取业务提升之形，成价值引导之意。

人类本质中最殷切的需求是被赏识。让不同类型和层级的教师处于各自的最近发展区中，让他们在激励、唤醒和鼓舞中去学习、实践和进取，此时参与就是成长，行动就是提升。因为每个人可支配的闲暇时间有限，要么在继续教育中遨游于知识海洋，要么在大千世界中徜徉于五光十色。如果能将教师拉到专业发展中来，唤醒终身学习意识，鼓起业务提升意愿，教师的转变自然也在潜移默化中发生。当然，也要避免用力过猛的扶持，赋予式的栽培很容易阻断教师的发展意愿，干扰其价值取向。

二、以方法学用之径，行理实相合之路

关于方法的知识是最有用的知识，而知识的最大意义在于改变生产生活方式。知识从来都不是装饰高雅的华丽辞藻，而是人们认识客观世界的成果和改变生活的技能。对于培养未成年人的学校来讲，建立怎样的认知观关系重大。对于着重培养的名优教师来讲，拥有怎样的学习体验尤为重要。将书本中的教育理论知识转换为贴近教学生活的实践，从专家学者讲授的知识中找寻到符合教师发展的路径，这应该是培训学习为教师赋能和为教学助力的现实意义。

从教育科研方法视角来看，没有借鉴的学习是低水平的学习，但只有

借鉴的学习是更低水平的学习。学习借鉴是教师提升专业素养和提高科研水平的重要途径之一。如何从浩如烟海的文献中选取符合我们认知需求和工作实际的材料，然后进行具有针对性、可行性和创造性的运用，这是最大化地发挥培训作用的关键所在。唯有在发现中借鉴，在借鉴中实践，在实践中检验，才是学以致用和能力提升的必由之路！

三、用角色互换之美，求师德滋养之妙

学高为师，身正为范。唯有师德高尚的老师，才能培养出品学兼优的学生。教师的高尚情操、渊博学识和人格魅力，会对学生产生深远的影响。所以，师德作为教育工作者从事教育活动必须遵守的道德规范和行为准则，一直受到普遍重视和全面推崇。继续教育作为教师教育活动的重要组成部分，在提升教师通识素养和业务水平的同时，更让教师得以从学习者视角去体悟和检视，反思自己作为教育教学主导者存在的问题，进而提升师德修养。

从逻辑思维角度来看，不执于情，不沉于事，方为客观思辨。站在社会视角审视学校教育，能从学生角色反思学科教学，敢以批判思辨寻求事物本质，这有利于教师在不断的维度升降和关系转换中提升理性思维。然人非草木，也许教师最理想的德行就是对教育最执着和最深沉的爱。以对师范最崇高的热爱投身到教育中去，以对师德最由衷的向往融入教学中去，以对师者最谦卑的敬意参与到学习实践中去，我相信即便此去山高路远，我们也会始终朝向光明！

讲座杂谈

应是这些年积累了些许虚名，更是得浙师大孙博士抬爱，我才有机会受聘成为浙江师范大学省培项目的授课教师，与省内的体育同行分享自己的研究成果和心得体会。但是一整天的培训工作着实不轻松，再加上工作生活琐事，当天往返总难免有些舟车劳顿。

因为活动关系重大，原本计划好的乘坐地铁出发，怕路上时间来不及，就换成了更加快捷的出租车。早晨五点半就在扫街的出租车师傅，应该没有赶上出租车行业曾经的黄金十年。开车的师傅是个敦实的外地汉子，得当的言谈举止，娴熟的驾驶技术，合理的行进路线，让我对他应该拥有的幸福生活毫不怀疑。

在高铁上一路无言，我把讲座PPT新做了些动画切换和内容编排，这些都是不容忽视的信息传递要素。

高铁金华北站排在第一个的出租车司机，一定对这一天的工作充满了期待。坐上车后半程的沉默不语，反而让我增添了几分好奇。打破沉寂后方知，浙师大是他们最不愿意去的地方。路短，空返，加上半小时的等待，等于做了亏本生意。遇到目的地是浙师大的客人，也只能自认倒霉。我也难得大方，三五元钱的小费，就换来舒服的空调和司机的热情交流。司机临别的一声“谢谢”，让我知道这一天又多了一个快乐的人，又多了一位对这个地方心存感激的人。

提前二十分钟进入浙师大校门，这是我预估的最迟到达时间了。沿着中轴线，我径直朝图书馆走过去，往右一转就是东田径场和体育学院的方向。尽管时间稍显紧张，但看到一张张朝气蓬勃的脸，看到一派郁郁葱葱的校园，我还是忍不住快速掏出手机拍了两张照片。当时我就在问自己为什么会如此奢侈地浪费时间，因为那一刻连具体的上课位置我都还不知道。可是在看了手机拍摄的那池湖水后，我才明白这一刻能够吸引自己的是什么，生活可以多些从此作别，但应该少些遗憾的擦肩而过。

每个人生来都有独特之处，让其得以安身立命和幸福喜悦。我只要站在讲台上，来到最熟悉的领域，即便照本宣科，也会有灵光闪现。从关于学生体质健康的政策演变，到研究现状，再到基本认知，我的讲解总能让老师们对体质健康教育有一定的了解。从实测控制，到监测评价，乃至分析预测，做完一揽子的解析后大家会发现体质健康教育责任重大。课内深化，教学优化，课外强化，体质健康教育的基础在于学校体育的方方面面。

最要感谢的是孙博士的栽培抬爱、周全安排和热情接待。看着这位老哥开着私家车全程接送，我知道这完全超出了一般的培训接待规格。午餐他更是请我到相熟的老店品尝几道特色菜，我最爱的还是那有故事的鱼头。此刻我才突然明白礼貌客气与热情真挚的本质区别。

当然，我最爱听他关于学校体育的论说。想当年我就是在孙博士这里听经受法而茅塞顿开，今日再聚怎能错过这样的机会啊。清茶入口，语路渐开，了然天下，我不由得惊诧，这样的学术造诣是何等的超凡脱俗而又水到渠成，真是听君一席话，胜读十年书。

坐在返程的列车上，看着人群熙熙攘攘，不管是曾经台前的你，还是此刻碌碌的我，最重要的就是给自己找个位置，活出个人生姿态。即便我们什么都做不了，那就换个高度和角度吧，感谢那些给我们启迪和智慧的人。

搁笔，温茶。

（本文写于2018年5月16日）

选择最好

此刻，我心潮澎湃。首先，感谢余老师对我的栽培和抬爱，千里马常有而伯乐难求，没有余老师就没有我充实快乐的今天；其次，我要感谢在座各位的帮助和支持，一个好汉三个帮，没有你们就没有我倍感温馨的昨天；最后，我还要感谢所有同仁和朋友，大树参天离不开土壤，没有你们就没有我满怀希望的明天。

此刻，我受宠若惊。不管是在萧山学校体育史上，还是在我的个人记忆中，今天都是一个令人铭记的特殊日子。从没有哪个教师因为工作调动而享受到教学专业委员会欢送的待遇，更没有哪个教师因为工作调动享受到教育科科长亲自颁发证书的荣耀。

此刻，我也心存惭愧。作为一名普通的一线体育教师，虽然我被评为省学科带头人、市优秀教师、市教坛新秀、区名师和区优秀教练员等，也取得了市教学设计一等奖、说课一等奖、课堂评比二等奖等成绩，但这些荣誉绝不仅仅属于我个人，还属于在座的各位领导和所有同仁，而我只不过是在恰当的时间做了一些该做的事。

接下来，我要谈一下我对这次工作调动的思考，那就是选择你认为最好的事物。马可·奥勒留在《沉思录》里说到，要执着追求你认为最好的东西。那么究竟什么才是我认为最好的东西呢？如果我的生活是一叶小舟，那么在即将离开萧山这个港湾时，我要卸下所有的负累，然后再挑拣我最爱之物，直奔远方。

首先是我喜欢的体育教研。留下或者离开，都不影响我执着于教研的热情和脚步，顺流乘风、逆流破浪，我还是我。其次是我看重的人间情谊。患难见真情，友情、爱情、亲情，会因为工作生活的变动而更加亲密。离别是为了重逢，看似远离，但这何尝不是一次难得的让大家变得更紧密的机会？最后是朋友们时常为我惋惜的前途。我倒是认为，人的价值不是占据了多么显赫的位置，而是在人生道路每个节点的作为。所以，能得到大家的祝福，天涯咫尺！若失掉一众期望，咫尺天涯！做一位工作生活如意，偶尔被人想起的老师，我心满意足，坦荡无悔！

教育专家常讲工作要勇于归零，禅修智者也说人生要恰当定位，在这里我要引用淬火理论来说明钢铁是怎样炼成的，人生唯有经历火红的炽热和刺骨的冰冷才能百炼成钢。能够奋力创造辉煌，也能努力忍受寂寞，游走于最适宜的生存温度，这应该就是我所追求的人生态度。最后，我要再次感谢各位领导、老师和朋友，对我一直以来的关心、帮助和支持。谢谢！

（因工作调动，萧山区中小学体育教学专业委员会特地为作者举办了欢送会，深为感动。本文为作者2015年9月6日在欢送会上的发言）

回忆不再

我来到前进那年，萧山市变成了萧山区，前进乡并入了新湾镇。那时彩旗招展，锣鼓喧天。我离开前进那年，前进脱离新湾镇成为前进街道。那时大道笔直，楼阁成群。等我再回到前进那年，街道早已不是那个街道，楼阁也不再是那个楼阁，萧山也不可能再是曾经的萧山。只有大江东去，暗潮涌动。也许这就是幸福吧，在折腾中被折腾！

俗话说“十里地赶个嘴，不如在家喝凉水”，特别是对于我来讲，近年来更是喜好清静。但今天我仍旧驱车百里去参加喜宴，因为新郎是我工作后带出的第一批弟子之一，是我在前进教书时的得意门生。当年那群淳朴天真的孩子，跟着初为人师满怀激情的我，一起走上了武术特色发展之路。后来他们被高中特招，并继续求学报考了体育院校，最终成为像我一样的体育教师，这也许就是人们常说的传道授业吧。所以，无论多忙、多远，我都必须揣着那段温暖的回忆而来。

到宴稍早又被视为上宾，新郎家长迎上我，又是端来茶水果盘，又是寒暄客气，总觉得给人添了麻烦。便独自一人到街上转转，刚好学生家对面就是我曾经工作过的学校。虽然离开多年，但睹物思人，总有一些眷恋。

走到学校门口，保安警觉地看着我这个不速之客，审视着这个不由自主靠近校门的陌生人。我心想，十年前我在那花坛边合着晚风贪酒时，你倒还不知在何方玩乐。我倒也不用走进这校园，即便那综合楼装了电梯，宿舍楼加高了层数，田径场设置了围栏，但我仍记得校园里的雕塑颜色和香樟味道，甚至校园宣传栏里还在讲述着我们当年的故事，而校门最高处那几个“省体育特色”的鎏金铜字正是我们创造的辉煌啊。其实，也真的不要再走进那校园了，过去的已然过去，该存在的仍然存在，没来的终究不会来。

七年前的幼儿园，如今已被建成了小学。那时候的幼儿园都还是私立单位，但与我所在的初中前后相邻，也算是“关系”单位了。因此，当时幼儿园但凡电脑有问题总会找我帮忙。装系统，杀毒，调试网络，弄一下网站，我这刚毕业的体育老师俨然成了“能人”。因为那时候计算机不够普及，而售后服务更加滞后，所以有我这样一个不厌其烦又稍微懂行的人在，大家也都把自己的电脑拿来让我“折腾”了。只是现在，那一切都成了回忆中的往昔。

街上的邮局还在原来的位置，只是曾经以邮寄包裹函件为主要业务，现在变成了以银行储蓄业务为主。好想推开门看一看，当年那个我寄包裹可以不检查的业务员还在不在。这样的信任即便在民风淳朴的当年也难能可贵，而今更是少见。可是见里面业务繁忙，我就未曾打扰，就算为那些我怀念的人留一份静谧吧。卫生院仍旧是老样子，对面的五金百货店里产品又多了些。刚进门，老板夫妇就认出了我，聚过来与我交谈，俨然是多年未见的朋友。谈到过去的工作，谈及现在的生活，谈论时下的发展，谈话间就能感受到那种质朴、勤劳和快乐。

是啊，离开这里七年了，这里从萧山最偏远的镇变成今天杭州经济社会发展的桥头堡，新旧建筑物由远及近的高度差，仿佛勾勒着这里发展速度的跃升。当年常去喝酒的临街酒馆已经不复存在了，甚至河对面的房子也已经快拆完了。来的时候比较匆忙，我未曾注意路边的变化。当我回程时才发现，这条我曾经走过七年的路旁，一条高标准的快速大通道已经初见雏形。

熟悉的路，荒废了；新修的路，陌生了。我想，这个地方我也许不会再来了。即便我仍旧深爱着这里的一切，并始终牵挂着我曾经的同事、结交的朋友和教过的学生。但对于我而言，这里最宝贵的仍旧是今生今世的见证和同道同德的回忆！如果我走得越近，会越发迷失那仅存的美好和记忆。那么，就让我们从此天各一方吧。

许是因为今天赶了太多的路，刚刚小憩时竟恍惚间回到了曾经工作的校园，老张在推油墨辊子印刷，老陈在传达室门口爽朗闲谈，老顾梳着整齐的背头在给我写奖状“王德刚同志……”，小弋走过窗前说他是工作了七年的老教师。七年？太久了吧……弹指一挥间，我离开这里都已七年！

回忆，不相逢，不留恋，不再见！

（本文写于2017年1月8日）

时光之印

许是2020年年初的这段日子过于特别，我竟然开始留意窗前的光影。早上起来时，它是劈开黑暗的剑，温暖明亮而又充满希望。午后茶歇时，它是铺在桌上的网，炙热耀眼而又脉络分明。傍晚小憩时，它是欲睡的梦，温凉渐暗而又心意守望。

其实，我也知道光影并没有这般缠绵悱恻。它既没有车盖与盘盂的大小之分，也没有苍凉与探汤的凉热之别，不过是在朝夕如一地散发光和热罢了。即便如此，我仍为了这变幻或永恒，忘记了清晨的水壶嘶鸣，忘记了午后的茶水滚烫，忘记了傍晚的辘辘饥肠。

我想，那一刻的灵魂出窍和心智超脱，要么是记忆中细碎片段的聚沙成塔，要么是血脉里情感深处的拂沙见金。于是，我开始回忆脑海里所有与光影变幻有关的往日情怀，开始回味睡梦中所有与温暖永恒有关的今世情缘。

上学时，骑着自行车飞驰在晨光之中，脚下穿林的树影与光亮，仿佛成长的阶梯延伸向远方。岁月懵懂，青春激扬，充满希望，那应该是白驹过隙最形象生动的速写啦。

工作后，在面朝太阳迎着风的体育课上，脚下变短又拉长的人影，仿佛工作价值的投射，陪我始终坚守着初心。勇于担当，忠于职守，乐于奉献，这应该是我们这一代人最真实的写照了。

这些年，不知为什么会越来越多地梦到故乡的林荫小道和老家的房前屋后，梦到林荫下的树影斑驳和指缝间的光影婆娑，直到我开始留意窗前划过的光影，我才在此刻明白！

如果我们是浩瀚宇宙里的一颗星，那就要始终如一地散发光和热；而如果我们只是透过窗棂的一束光，那也要始终坚守前进的方向；即便我们只是向阳花，也要珍惜过往和当下，记得我身来时和我梦归处。

回声之影

年少时我一定不会想到，会赶上今时今日快速发展的时代，要不然也不会在时光荏苒里，任凭岁月蹉跎。

很怕被时代遗弃的我，最近竟然找来了排行榜里的新歌听，期待着受点新时代的潮流文化熏陶来排解情绪，只是听多了咿呀耳语般的甜腻旋律，竟会在夜晚更加难以入睡。

好在信息时代网络发达，随意播放个催眠乐曲，往往也能让我安然入睡。我最喜欢听的流水般的音乐，用不上十分钟就能让我鼾声如雷。

看来特定的声音，不仅来自特定的事物，还可能带来特定效果。

此刻，我突然发现儿时印象深刻的声音，余音绕梁般在我心头响起。早春，调皮地踩着车辙里的薄冰去上学，清脆的咔嚓声总能激起孩子们争先恐后去踩的动力。盛夏，如果独自在玉米地的窄道上行走，渐近的沙沙声常会让自以为胆大的少年吓得撒腿就跑。初秋，悠闲地躺在麦垛上替大人们看场，熬过蚊虫驱之不散的嗡嗡声，定能等来瓜果和美食的犒劳。隆冬，通红的火炉总会发出火车轰鸣般的呼呼声，而猫咪自然会抢一个温暖的位置，咕噜咕噜，从没少过一晚好梦。

而今，很少能够再见到车辙里结着薄冰的土路了，尽管它看似坎坷，但终究还是脚踏实地；也很少再有打谷场这样的公共空间，能盛得下孩童的欢乐，孕育出大人们的丰收。为此，我曾埋怨人群中摩肩接踵的抵近和挤压，也曾谴责车流里见缝插针的莽撞和无礼。喧哗叫嚷成了熙熙攘攘的奏鸣曲，喇叭轰鸣成了车水马龙的背景乐，这应该是人们在城市生活里最为熟悉的无奈。

然而，我这样的观点竟然在这段日子发生了细微改变。窗外停工已久的工地竖起了塔吊，街上闭门数月的店铺重新开门迎客，熟悉的熙熙攘攘和车水马龙重新出现，仿佛城市的细胞和血脉被重新激活。我竟然开始自我埋怨，原来这么多年我只看到了这座城市的车水马龙，竟然从没有去拥抱生活和自由呼吸。不过，幸好还在不错的时候理解了声情并茂，幸好还能在最好的当下感受到回声之影。

岁月无声

我不是很喜欢看老电影，怕陷入往昔岁月里难以自拔，但一部文艺片最大的魅力，就是让每一个还健在的人，能够在回忆中荡起岁月的涟漪。时光渐行渐远，唯有情意绵长。

小时候最宠爱的时令零食就是冰棍了，可惜当时年少无知，更不曾记得什么画面。还是在母亲的谈笑中得知，我也曾是个不给买冰棍，就穿着开裆裤满地打滚的娃娃。能够用屡试不爽的法子耍泼撒娇，这该是多么快乐的童年啊！

小学时在学校里倒也没有什么时间玩耍，就记得课间用树枝挑着“贴树皮”虫子吓唬女生，被老师臭骂了一顿；放学后从学校大门门柱上跳下来时咬到嘴唇，然后就有了口吐鲜血的恐怖画面；和同学玩两个人手肘扣在一起，互相背起的“星星月亮”游戏把门牙摔掉了半个，幸好后来换牙时重新长了出来。

那时候最开心的就是每天做完作业后的闲暇时光了，骄傲地将作业本高高举起来说：“妈，我作业做完了，可以出去玩吗?”然后几个小朋友开始兴高采烈地弹溜溜、踢毽子、躲避球、砸瓶盖、嘎拉哈、跳长绳、骑高粱马……很多记忆其实已经模糊了，只是每每回忆时才发现快乐的感觉依旧清晰。

记得小时候冬天最酷的运动装备就是冰爬犁，三五个小伙伴沿着溪沟滑行，不知不觉就完成了一个环乡赛，自然也会冻得鼻涕两行、睫毛挂霜、腮帮僵硬，但在那样的环境下，这样的乐趣无可替代，也成为儿时最美好的回忆！

偶尔看到冰层下冻着小鱼，常常想着用冰爬犁的钳子把鱼刨出来，但往往都以失败告终，那冻实心的冰层绝非孩子们用简单工具能够掘开的。当然孩子们更大的乐趣是无拘无束地滑行，而非眼前那可能收获的战利品。这好似乡间午炊后偶尔在场院上追逐麻雀的小狗，就只是那样地撒欢而已。

这样漫无目的的追逐，没有什么特定缘起，也往往无疾而终。正如我们不会记得青春年少时，在哪个不知名的路口为何莫名徘徊。只记得午后的林荫道上光影斑驳，流逝了青春，淡忘了美好。也许人最遗憾的就是在青春年少时寻觅永恒，却在中年不惑时贪恋芳华。

从学校开会回来便听见窗外哀乐低沉，应是前面楼里有人从此长眠不起。我似乎没有以前那样避讳和反感这样的必然之事，也许是不断累积的生活阅历和对生命的尊重理解，让我们懂得品味岁月无声里的无尽哀思和万千芳华。

第四编

人生四十　四十不惑

四十岁的我们，曾努力过，经历过，也收获过。四十岁的我们，自以为经验老到、洒脱随性、功过无忧，但仍会有一些事物，让我们为之痴狂。

教师要守得了清贫，耐得住寂寞。既然我们注定生来平凡，而又一生平淡，那么就去坚守最好的事物吧，即便是朝向不可即的远方！

不忘初心，方得始终。不要让世俗埋没了灵魂，敢爱敢恨曾是风的季节；也不要让生活掩盖了真美，有声有色恰是春的芬芳。

四十不惑，淡是最浓，舒畅就是最应景，最应季！

四十不惑

我们这样的人，多数是后知后觉而又略显呆板木讷的，这让我们在过去的岁月里错过了许多美好，也留下了一些无法弥补的缺憾。而在我的印象中，我曾经有两次去意决绝地要告别这个所谓的朋友圈，一次是心有千念而又无所应和的岁末年初，一次是万念归源而又情愿归一的夏秋之间，因为我们在这里都见惯了利益和炫耀，却难见到真性情和温暖。直到有一天一位朋友问我怎么不更新朋友圈了，我才知道自己在朋友圈发的文字也曾是他人的精神食粮，也曾给过他人心灵上的抚慰。

四十岁，我从没有想过自己还会背负这样的期望。因为我自认为努力了很多，经历了很多，选择了很多，也收获了很多。但总会有一些事物，让我在这湿润得几可淋漓的空气中思虑，不自觉地就会混合着杭城绵绵的细雨，在这个略显特别的春天发酵霉变，以至于我那曾经光亮的甚至沾着血汗荣耀的外衣，慢慢地在黏腻中斑驳褪色。这时候我才意识到，也许自己早过了拼搏的岁月，而应该谋另一种人生。

今天，我再次站在平时课间小憩的体育馆平台上，只望见远处的峰峦叠嶂隐藏在一幕江南烟雨之中，往日的山水色彩和远近层次，被漂洗成一片清白混沌。可就在眼前，学校楼顶的时钟还在一刻不曾停歇地走着，而远处工地上近百米高的大楼正在建造，吊车还在工作着。这时候我才发现，所有眼睛直接能够看到的事物往往比较浅薄，而我们自以为层层包裹和不断堆叠的理想，竟然也会在这样的季节如此不堪一击。

倒是操场上的积水最会见风使舵，几天的雨水，一定会为操场上的草坪、跑道低处和排水沟缝隙，均匀地搅拌涂抹上草籽和垃圾，让种子和肥料得以播撒。但终究是那草坪最能蓄养，毕竟它依托着大地，只要给它一两天的晴爽，就又会滋养出草色青青。我突然发现，在杭州这连绵不断的雨季里，只有他们最是缠绵，一张一弛，一应一合，竟然相得益彰。

欣赏着细雨中的远山近景，我就这样独自练完了一组徒手课程，回头时竟然看见孩子们在体育馆二楼的室外球场上冒雨打球。尽管他们没有什么花哨的动作，甚至也不讲什么篮球规则，但起码他们比我更能品味运动乐趣，要知道我到高中才第一次这样做。而今，站在体育馆楼梯顶端的我，竟全然没有了曾经的洒脱，只能给自己一些青春回忆罢了。

也许是没能跟孩子们一起雨中打球而有些愤懑不甘，回到家我竟然又烫了酒。致中和五加皮的温润，终究与鉴湖陈黄的绵软有别，品尝着老婆做的糖醋萝卜，似乎工作生活中的酸甜苦辣竟不过是心头涌动的一时滋味。眼见其美，自然心情舒畅。

在体育馆三楼平台上锻炼时，我远远望见校园里的梅花开了，我知道这又是一个美好的时节。四十不惑，舒畅就是最应景，最应季！

（本文写于2019年3月1日）

烟火四十

年年岁岁花相似，岁岁年年人不同。又到一年毅行时，一样的兴高采烈，一样的花样少年。只是铁打的学校锁住了我们，园丁也好，春蚕也罢，就算是小蜡头，也难逃青丝白发的日渐稀疏。那些我们曾用心陪伴的无数鲜活生命，也由懵懂少年长大成人，有的甚至成为国之栋梁。仿佛钱江东去，虽见回头潮，也有拍岸浪，但是终究到海不复还。

出生于20世纪70年代末的我，经历了九年义务教育。大学毕业后忙于找工作，参加工作后忙于评职称。突然发现，我已经停不下来了，甚至都不敢倒下。

于是，我开始尝试给自己一些小念想，能够让我辨识生活的色彩，品味生而为人的快乐。我会定期复习大学所学的术科基本功，想想当年让我磨掉几层皮的体操，想想数九寒天冷彻骨髓的速滑，不知不觉中曾经的动作记忆竟然被激活。然后，在工作中我将这些知识技能见缝插针地呈现给我的学生，后来连体育课上三三两两跑过的小学生也会驻足观看我的展示。只有这个时候我才真正感受到自己作为孩子王的无尽快乐。

我也会想方设法弄一些地道的家乡特产，如酸菜、烤醋、香肠、腐乳、大米、白酒、瓜子……连小时候最不喜欢吃的大碴粥，也被我熬制成了“皇粮极品”。老家寄过来的自制爆米花，更是被我当成排解乡愁的丹药。我还会有意识地做一些家乡的特色菜，如家拌凉菜、锅包肉、地三鲜、尖椒干豆腐……也是，四十岁左右的人，如果没有几道拿手菜，我们拿什么祭奠青春，说什么品味乡愁，甚至可能有一天连孩子都不记得家的味道。

当然，我也会在像今天这样的午后，工作之余忙里偷闲调制一杯咖啡，享受久违的阳光和难得的闲逸。许是月余未跑了，完成学生毅行疏导任务后，我就急不可耐地沿着钱塘江边一路健身跑返校。控制步伐，调整呼吸，少许出汗，也还神清气爽。刚进入校园，我就被钱副校长认定为毅行活动的第一名。只是这一路走来的感念思恋，让我面对这份惊喜时，内心着实有些错综复杂。

又一年层峦叠嶂，又一段人间烟火。四十年，一样的兢兢业业，一样的勇往直前。

（本文写于2018年12月18日）

醉也人生

在三十岁以前，我从不信喝酒可以喝到记忆缺失和意识错乱，因为即便曾经醉到连头都抬不起来，我仍凭借所谓的意志力，去赴下一个约会。所以那时候我不理解发酒疯的人，同时也对酒麻痹大意了。

现在还记得那个流传着“双城人喝顿酒，走廊里三天都是酒味”的下午，尽管已经醉到几近昏睡，但我仍洗了冷水澡并呐喊激励着自己不倒下。然后，陪爱人坐在田径场的主席台上，看着夕阳西下时的霞光万丈，竟会觉得那样甜蜜和温暖。

那时候的我们都信奉二十岁的爱恋。在《惊情四百年》里，德古拉诛神蚀骨的不死痴爱，让我们在毛骨悚然里为之祈祷祝福。在《星语星愿》里，洋葱头在奈何桥前的生死不弃，也只有流星雨才能演绎那样的浪漫。在《泰坦尼克号》里，杰克在冰海中那最后的呓语，不知又催生了多少痴男怨女的泪水。二十岁如果没爱过，你就不会知道心痛的位置，其实是在胸口。

三十岁的酒最浓烈，就算是醉了也会轰轰烈烈。尚未褪色的理想给了我热血沸腾的酒，依然强健的身体扛得下我隔夜的醉，渐入佳境的事业多少激发了我推杯换盏的狂。所以，这样一次次的推波助澜，就会有所谓的“喝断片”。

记得第一次喝到断片，还是第一次搞武术节的时候。在因为偏远而被称为“东伯利亚”的萧山围垦地区，一天里到城区的公交车屈指可数。每天晚上七点后，街上连买包方便面的地方都找不到，可想而知我在那里是真没见过什么世面。结果武术节活动那天，当时的教育局朱副局长来了，他的开幕致辞，对我颇多赞赏，一句“看武术到前进”从此香飘四方。当然，就凭这句话，我在敬酒时三两三的白酒一口闷到断片也算值了。记得下楼时我是坐着滑下去的，到学校直接翻倒在地，王刚兄弟见状找来了老吴在镇医院里做医生的侄女给我打点滴。

那时候的我们，总会追求三十岁的担当。在每个男人的世界里，自己都是不可一世的英雄。电影里的英雄无所不能，可凭一己之力轻而易举取他人性命，也可用一己之身扭转天下大势。康熙大帝的“向天再借五百年”，绝对是豪气万丈的英雄绝笔。荡气回肠里，多少江山如画，多少岁月如歌，纵有千秋万载，也难挡儿女情长。

人到四十才会发现，很多事都是必然的，特别是过去，无法更改，甚至无法躲藏，这也许就是好酒之人追求的坦荡吧。也一定会有很多事是未知的，比如后来的我们，明天的你们，后来的他们。这些都不可预知，甚至不可控制，这应该就是贪杯之人留恋的臆梦吧。所以，四十岁的酒最醇厚。不对的局不去，不对的人不喝，但如果遇到对的局，对的人，再加上对的事，就很可能喝到哭，喝到吐，喝到断片。

一定是我用了错的方法去验证对的事，要不然四十岁以后，喝断片的事不可能“与日俱增”。年岁日增，健康日下，到哪个医院去看病，都会被建议住院或手术。体检报告上七上八下的指标似乎也在告诉我们，四十岁的人再也不能以把酒言欢为乐，更不能以纵酒狂欢为荣。好吧，再也不能像年轻时那样，为了防止月底没钱花，而在月初拿到工资后抓紧花钱。即便就只是为了以后还能喝酒，也要学会细水长流涵养生命。

也许，喝酒的最高境界并不是千杯不倒，而是酒不醉人人自醉。

一语万言

以前我常会把自己的心情和故事写在日记中，甚至设置复杂的密码，生怕哪段历史或记忆会被毫无保留地展现在人前。但后来发现，好多回忆连自己都无法串联，只是还记得那些许的美好或遗憾，还有的就是一些永远也无法破译的密码。现在想来，这就像一个贪吃的小孩子，总是喜欢将自己喜爱的半熟水果藏在衣柜里，以致后来只有凭借那一丝丝酸醇的气味才能想起。

不过我们毕竟不是小孩子了，已经从书写和创造故事的年纪来到了打理和拾起岁月痕迹的年纪。那么还有什么好矜持和犹豫的呢？让更多相识或者即将相识，哪怕永不相识的人，来分享彼此都可能会有的一些经历，岂不更好。起码这可以让我们更加真诚地书写我们对无拘无束的向往，表达我们内心的呼喊。哪怕没有激起任何涟漪，起码还可以让我们涤荡心灵、激扬文字，海阔天空中总有一份难能可贵的美好和感动。

常常在等待，等待新的开始，等待新的美好，甚至有时候会期待一个个大的转折。于是，我总在等待着一个新的早晨、一个新的星期、一个新的月份、一个新的一年，等待着属于我的重大节日，等待着生日，等待着纪念日。仿佛只有这样的日子才个性鲜明，只有这样的日子才能使我鼓满风帆，扬帆起航。可是等待何其多啊？在等待中我们失去的不仅仅是时间，更有太多的美好。何不就从现在开始行动，从点滴做起，用行动取得成功，见证自己的价值。

时光飞逝，不知不觉中好多事物都在改变，积累沉淀、大浪淘沙，谁也无法改变时光的流逝，这是社会发展的必然，但是我们可以创造美好的未来。每当我回忆过去的时候，每当我不舍地沉浸在那些闪烁着青春痕迹的美好中时，总会被不知不觉中拾起的淡淡遗憾而打动，这美好与遗憾互相纠缠，仿佛岁月的年轮，存储着我的每一段回忆。

以前我常坚定地说，此生无憾，因为那时那地的那个我，实践着最真最纯的理想，怎可以用成功和失败来衡量？无论如何，我都收获了自己至真至诚的成长。但我们毕竟生活在社会环境中，要与各种关系打交道，于是有一天我发现那个执着自信的少年，竟然失去了棱角，开始圆滑、懦弱，开始说言不由衷的话，开始做身不由己的事情。

多年不见的老同学对我说：“好久不见，你成熟了好多，也稳重了好多。”在一瞬间的自满之后，我发现这句话留给我的更多是一种心酸，也许这就是成熟的味道。儿时我们拥有各种各样奇怪的梦想，少年时我们踌躇满志，青年时我们似乎开始真正地思考，多么希望成年后不要让这一切成为空想啊。

既然已经开始怀念，既然需要一块洁净天空，既然不喜欢酸酸的味道，那么就让自己挣脱这些桎梏和束缚，勇敢地从套子中钻出来，用海阔天空的美好，天马行空的洒脱，扬帆起航的壮志，去涤荡心灵，意气风发。

最后我们会发现，所有的纷扰只是为了让人们能够从复杂的思绪中厘清主次，寻求根本；而那些煎熬则让人们的情绪，通过一次次沸腾来析出杂质，变得纯净，即便苦难也是为了让人们能够早点懂得并更加珍惜幸福。人生如梦，处世如局，过眼沧桑，心即镜湖。

平凡之路

曾听过这样的说法，当一个人从时常憧憬未来变为经常回忆过去的时候，这个人已经开始老了，起码心态已经老了。其实，漫漫人生长路上始终存在着转变，既可能是从一个波谷爬向另一个波峰，也可能是从一个波峰滑向另一个波谷。

有段时间，我早晨起来就不停地打喷嚏，想不到年近不惑，心理逐渐脱敏而身体却开始过敏。认知已经守旧，曾挂在嘴边用以遮羞的“九斤老太”，而今也成了自己。不由得惊诧，自己除了不断增加的年龄和还在堆砌的文字，竟早已脱离了社会。而今的些许无奈是注定了的，从迈入学校发奋读书的那一天开始酝酿，直到再次跨进学校执着于教育的那一刻落定。

其实，我们都是务实的。因为我们需要为了满足物质生活而努力奋斗。但如果所有的价值取向都只注重物质，那也是危险的。所以我们也是务虚的。尽管再没有“铁帽子王”，但有时我们在媒体上也能看到可以“上天入地”的一些人。我们的社会需要建立秩序，尼罗河的每一次泛滥都酝酿着生机。

既然我们中的绝大多数人都注定生来平凡而又一生平淡，那么就别太在意虚实。记得以前常常为自己能够坚持自我和坚定信念而欣慰，但是慢慢地发现好多时候过度的自信会变成自负，过分的坚持竟然只是一种顽固。当自己还在为不再矜持而振奋，当自己还陶醉于那些所谓的辉煌和骄傲，当自己可以让别人称赞的只有往事时，浮躁其实已经就在身边了。不忘初心不是执拗，更不该成为自我麻醉的借口。

我开始喜爱校园围墙边错落有致的花草，不单单因为它们见证了我的汗水和快乐，还因为它们总能找到自己的位置，把握花开的季节和颜色。

爱是你我

我在萧山的人生导师余老师，曾给我们解析过人生不同发展阶段的几个要素。当时只觉得诙谐幽默和一语中的。尽管随着时间推移很多信息都已经忘记，但有一条让我印象深刻，就是人要老来有伴。

所以这几年，只要有朋友在家庭生活方面出现问题，我总会替他们感到惋惜。但凡得到消息，我总会在第一时间前去调解，希望他们的生活回归正轨，因为我不希望他们的幸福打折。

尽管每次我都非常诚恳，但最终也没能为朋友的家庭挽回什么，也许是我的解说太缺乏生动的案例吧。直到今天我看到这一幕，我才觉得也许可以跟他们聊更多。也许我们自己也可以有更多思考。

每天下班我都会在这个路口等红灯，然后看到形形色色、来来往往的人。先前初三备考那段日子下班较迟，总会看到在这个路口的桥上聚集着一些茶余饭后闲谈的老人。他们或倚或靠，那份闲情逸致着实让路上奔波的人们羡慕。

他们一直生活在这里，从青春少年到耄耋老者，参与和见证着一座城市的发展变化。只有高高耸立的毛主席塑像，还依然伫立在杭二棉的老广场。

今天让我觉得最为特别的是这两位老人，他们与在这里出现的其他老人都不一样。他们不像其他老年人那样主要与同性朋友会面，也不像其他老人一样各自清闲。

如果不是白发苍苍，单从那紧扣的十指，人们会以为这是一对处于热恋中的年轻情侣。如果不是手执拐杖，单从在斑马线上行走的位置，人们便已看到他是多么呵护自己的爱人。

让我们牵着手，一如从前。即便我撑着手杖，有你带着伞，我们就能到永远。“爱是你我，在患难之中不变的承诺。就算生活给我无尽的苦痛折磨，我还是觉得幸福更多！……”

我能想到最浪漫的事，就是陪你慢慢变老……

手机故事

我的第一部手机是西门子3508。记得是工作后领了第一个月的工资，我坐了两个小时的公交车，去庆春路手机市场买了这部手机。磨砂表面，按键舒服，带个小天线，大方得体，带给我满满的幸福感。最重要的是有了它，我便不再是漂泊的孤岛。

我爱人的运气特别好，买光明牛奶刮中了一部更新型号的西门子手机。看来，可以放弃做大学老师的人，一定会受到命运的格外眷顾。当年六毛钱一分钟的通话，不知道在寂寞的夜，为我们传递了多少思念。

只是随着时光的流逝，当年我曾非常喜爱的手机，早已被不断更换。就连老婆当年中奖的手机，也被我不小心放到洗衣机，整整浸洗了一个多小时。胀开的电板和进水的手机，早已不知被丢弃在哪个角落。曾经要弄个手机盒别在腰间的物件，现在可以随意地和钥匙一起揣在口袋。

从彩屏手机、滑盖手机、触屏手机，到智能机，手机的更迭，也见证了信息时代的发展。而我的手机更换，则更有些别样的故事。

十几年前，傍晚指导学生训练时，我的手机被学生踩碎屏幕。花六百多块钱换了原装屏后，只用了一个月就再次出现故障，从此我的手机只换不修。

十几年前，我承担了萧山区改革开放三十年素质教育大展示活动表演任务。带训两百多名学生，再附加个人对前途的期许，让我感到前所未有的压力。然而到了最后彩排，仍有人故意不执行学校的工作安排。因为一个班不下楼导致全校彩排合练无法进行，我竟然在场地上气到直接砸了手机。等到傍晚在下班路上发现自己没法和外界联系，才认识到这样意气用事的不妥和不值。

我给自己的购机需求定位为有个能用的手机就行。华为荣耀，小米红米，基本上一年一部。价格都在一千元左右，经济适用，就算再进水了或被砸了也不心疼。

为此，我倒是很佩服我爱人。她的每一部手机，即便是用过两年甚至三年，除了有限的自然磨损，基本完好如初。懂得珍惜的人，才配拥有最好的事物。

今天，赶个时髦，与各大银行和商家一道，祝老婆生日快乐，再奉上最新款的手机作为礼物！

（本文写于2018年9月16日爱人生日之际）

晨梦三生

是初秋的晚风，吹落了窗前的枫叶，落在我们曾经走过的林荫道上。一切是那样平淡无奇、无声无息，却压垮了我用青春封印的记忆。

你从尘封的梦中走来，好似当年晨曦中的初见。光影婆娑里，你霞光万丈，只一眼回眸，我便坚信这是你我三生姻缘的约定!

我常以为早已忘记，也曾怀疑自己的记忆。因为说好的不离不弃，怎么可能就这样轻易抹去。直到我从晨梦中醒来才发现，原来我一直在与你相遇的那个夏天里徘徊寻觅，而你却在冬天的银装素裹里翘首以盼，所以我们没能一起走进春天。

白天总是带给人们太多的向往和期盼，让我们忙忙碌碌地各奔一方。倒是夜晚不经意地封锁了视听，让我们得以静静地守护灵魂。在辗转反侧里抖落牵绊，在亦梦亦醒中省视身心。从此，我们不再贪恋尘世浮华，不再摇曳形单影只。

我也许是真的忘记了，忘记了曾经的拥有和失去。只记得霞光万丈的初见，只记得晨梦三生的浮现。

四季轮回，心神相守，缘见三生。

人间四月

一场雨下了两个月，除了杭州真的也就没有它处了。还好这雨不大，不是暴风骤雨，否则太平洋也被填满了。这雨也不算烈，没有电闪雷鸣的惊诧，要不然真以为是白娘子与法海再结恩怨了。

杭州的雨，就好似人间四月天，轻盈优雅，不急不躁。似乎就是要用绵绵细雨表达无尽情愫。所以，自古苏杭出美女，也不是全无道理。潮湿温润、烟波缥缈，自然就有了白里透红、肤如凝脂的江南女子。因为再好的化妆品，也比不了空气湿度90%以上的天然滋润。

突然想起了林徽因，这位生在杭州的知识女性。在中国近代文学史上，她是一位受到万千瞩目而又不断引起话题的才女佳人。尽管我是在徐志摩“你去，我也走，我们在此分手”的诗里知晓了卿本佳人，但更多是从正史里，通过梁思成和林徽因夫妇对中国建筑的研究和贡献，而闻知才女事迹。要知道她可是参与国徽设计的设计者，这要具有何等才情才能有此殊荣。

说来也巧，饭后去新华书店给孩子买教辅材料，因为老师推荐的教辅售罄，在等待工作人员查找之余，我竟兜兜转转地来到了文学书籍展示书架。清新的书籍封面，灵秀的文字设计，《人生最美是清欢》仍旧摆放在最显眼的位置。只是旁边的《人间四月天》和林徽因的名字，让我眼前一亮，情不自禁地多看一眼。

捧起样书，前半部工整对仗的新诗，并没有让文字从我的眼帘映入脑海。随后快速翻看了几页，仿佛在寻找大大的插图或是想当然的作者玉照。当一切落空后，我甚至有那么一点点的失落。于是，闭上眼睛告诉自己，如果在接下来翻看的一页不能让我明白文字含义并做到内心平静，那么我就毫不犹豫地放弃。于是，就翻到了这一页。

“此外年龄还有尺寸，一样是愁，却跃跃似喜，十六岁时的，微风凌乱，不颓废，不空虚，踮着理想的脚充满希望，东方和西方却一样。人老了脉脉烟雨，愁吟或牢骚多折损诗的活泼。大家如香山，稼轩，东坡，放翁的白发华发，很少不梗在诗里，至少是令人不快。话说远了，刚说是惜花，东方老少都免不了这嗜好，这倒不论老的雪鬓曳杖，深闺里也就攒眉千度。”

才看了半段，竟有种喜极而泣之感。再没有如此细腻柔美而又灵动优雅的文字了。唯有心生玲珑而又才思敏锐才可得，唯有阅尽千帆而又虚怀若谷才可得，唯有情意绵绵而又坦荡开阔才可得。出身样貌，才情阅历，百年中华，确少有匹敌。

合上书，看了看封底那还算对得起内容的价格。在激动之余，我竟然习惯性地拍了照，在网上查了查，不由得放下了。新华书店毕竟还是殿堂级的地方，如果只是为了拥有这些令人神往的文字，有太多渠道可以达成所愿了。

好吧，你是人间四月天。生活绝不止眼前的苟且，但为了诗与远方，我们还是尊重现实吧。写到这里，窗外的雨似乎有些停了，天气预报说明天会有更大的雨。那就继续下吧，我们又能改变什么呢？天晴前，最好让大家淋个痛快。

过情人节

情人节很特别，因为总有源源不断的人过这个节日。特定的时间、地点、人物和事件，成为记忆里最感性的画面。只是在当前的社会背景下，这个日子充其量只是无数人心中的小确幸。也许记忆深刻，也许曾经甜蜜，但终究归于尘土。

当然也会有例外。就像今天，我们几个大男人凑在一起喝顿酒，举杯说一声新年快乐，临别道一声彼此珍重，不尽兴再到肯德基喝下午茶。连丘比特都恨不得拿手中的箭来维护这个日子的尊严。

就因为特别才会记忆深刻，上一次这样的聚会还是在六七年前。因为做武术特色学校结下的善缘，小光从中原油田过来，一定要赶到萧山请大家喝酒，喝完已是深夜。现在想起来还觉得不可思议，庆幸没错过点滴的好时光。

二十多年，已经不记得曾经的儿女情长。时过境迁，再轰轰烈烈的情感都好似涟漪。印象中，在今天这样的日子里，我收到的第一件礼物是巧克力。也许是因为心里甜蜜吧，金帝巧克力的味道和散发着百合花香味的卡片，让我记住了这样一个日子。但有些事终究也就是曾经，慢慢地都印象都模糊了。

于是，我开始品味余老师常说的几句话。力气心，道法门，不但是非智慧而不可得，更是非阅历而不能懂。这就像父母教育孩子，该讲的道理都讲了，但是孩子如果能在痛的时候想起这些说教也就算运气不错了。也像老师教育学生，该教的都教过了，但是能否在考场上想起老师教的内容就要靠学生自己了。

那么，我们究竟还能做些什么能够不负时光？四十岁的男人应该有一座城堡，用来守护最爱的东西；也应该堆砌一个灯塔，拉近那些同样喜好光明的人；更应该看到跨越山峦的曙光，让每一天都充满希望。

刚刚我又抿了一口茶，竟然尝到了些许甜筒的味道，不由得有一丝欣喜在心头划过。也许在不经意间，就会有一些美好填充柴米油盐之外的味道。然后，让我们在这样一个特别的日子里，将爱升华。

愿所有朋友，珍重，安好。情人节快乐！

不唱情歌

昨日晚餐，一家人围坐在餐桌前，一边涮火锅，一边看央视音乐频道的节目。在寒冷的冬日，蘸着自己调制的酱汁，品味着火锅中翻滚的美味，自然感觉到暖从心中来。加上央视主流媒体播放的节目，不经意间就营造出喜乐祥和的年节氛围。

边吃边聊，一家人从下午在西西弗书店读书的体会，聊到过年外出旅游和各地的风土人情，再谈到广东、香港和澳门的地理环境乃至语言习惯。恰巧此时电视在播放汪明荃唱的《万水千山总是情》，刚好应和了一家人对粤语的感性认识。

“莫说水中多变幻，水也清水也静，柔情似水爱共永，未怕罡风吹散了热爱，万水千山总是情，聚散也有天注定，不怨天不怨命，但求有山水共作证……”

这样一首传唱了三十多年的经典歌曲，和声押韵，温婉动情，令人身心愉悦。连学了一点弦音古韵的女儿，听了之后也是赞不绝口。我倒是开始回想，那些同样出现在央视节目中的曲目，甚至是登上春晚舞台的歌曲，很多都已没有了热度。

其实这也不足为奇。人的精神需求在变，认知水平在变。今时今日，甚至可以用“瞬息万变”来形容这个大千世界，何况是一首流行歌的消失呢？当词曲韵律失去了情景的应和和情绪的烘托，《老鼠爱大米》从街头巷尾销声匿迹，自然变得顺理成章了。

想来我也是滑稽。在2018年树立的目标中，唯独学唱几首歌的愿望实现了。每天到办公室后，先播放音乐排行榜，然后一边打扫卫生，一边哼唱歌曲。以至于有几次，同事进来了都浑然不觉，颇有几分尴尬。只是自己哼唱的这样几首歌，终究登不上台面。

除了我改编的《成都》被一百四十个学生在中考前听了一百九十多遍，让我由他们口中的“王老师”变成“老王”和“刚哥”，其余的就没有什么影响了。那些撕心裂肺的情歌，真的与我这样的年纪不符了。没有感同身受的宣泄，再悲凉婉转的旋律也是无病呻吟。

不再唱情歌，因为就算《17岁》也要到四十岁才能体悟其中的味道。“如今我四十看从前，沙哑了声线，回忆我冀望那掌声都依然到今天，那首潮水、忘情水，不再经典，仍长埋你的心中从未变……”

燃盏心灯

尽管假期尚有余额，但即便迟睡仍旧会早早醒来。一段辗转反侧的入睡努力失败后，我索性睁开眼望着从窗棂间渗透进来的光。这时候与其说是生物钟在作怪，倒不如说是身心已感知到了莫名临近的焦虑，抑或是心中有着一时无法释怀的牵绊。因为心境平和而又身心自在的人，不会同时收获午夜的思绪和晨起的寂寥。

不过倒也奇怪，凝视中窗棂间透过的微光竟然不断变得明亮。我似乎一点点看清了卧室里的陈设，甚至不用开灯也能安然行走。没想到这样平常不可想象的情景，竟然会因为微光和凝视而得以在眼前出现，不得不说是一种难得的体验。

然而，街灯终究会在早晨的某个时间突然熄灭，这样它就不会成为白昼里最无谓的点缀。随着窗外重回黎明前的黑暗，还在凝视空想的我，瞬间失去了目标，我突然觉得夜变得更加漆黑。

淅淅沙沙的雨声竟然在这时响起，雨水滴在窗前的雨棚上，哒、哒、哒……这声音总是在轻重缓急中，组合出固有的韵律。我仿佛跟随着这声音，辨识出雨水滴落的方位，感受到窗外的景致。没想到，这黎明前突然而至的雨，竟然给了我更广阔的知觉。

此刻，窗外的雨渐渐停歇了。小鸟开始在窗外的树上鸣叫，成为这个早晨新的主角。窗外悠扬婉转的鸟鸣，伴随着雨水时而滴落雨棚的声音，竟又演绎成一首旋律优雅的歌曲，将人的思绪带到缥缈的远方。

那么，躺在睡榻上辗转反侧的人，是否看到了光亮，明辨了方向？街灯的余光，细密的雨声，除了填补黎明前的黑暗和寂寥，竟然就像从未出现过一样，消失得无影无踪。

于是，我开始喜欢点一盏灯。摆在夕阳渐斜的茶几上，让香芬的气息弥漫着温暖的味道；搁在傍晚茶余饭后的书桌前，在燃烧的时光里品味流金岁月；安放在内心的最深处，让我得以身心自在、心境澄明。

第五编

师情山水　清欢雅韵

我喜欢游历山水，但并不在乎去过多少景点，留下多少照片，道出多少轶事。而是在乎是否身心愉悦，是否陶冶性情。换一个身份，换一个视角，自然换来一份收获。

我喜爱江南的雨，如稠密的丝，织一张连珠的网，汇成一帘春水，滴翠成溪。只是未及成潭，已摊薄如璧。唯见颗颗劲雨，碎如朵朵莲花，转瞬即逝，往复不息。

我最爱校园错落有致的植物，它们总能找到自己的位置，把握花开的季节和颜色。为每一分向阳的空间填满春色，为每一寸风来的空气洒满芬芳。

春色之微

2020年的这个春天似乎很短，好像只是出门放放风，就开始紧锣密鼓地准备复工。即便可以重新自由呼吸，但人到中年了，远没有孩子们那般欢天喜地。那种与生俱来的勤恳与焦虑，常会让我在深夜街边的吵闹声中醒来，然后开始焦躁不安，再慢慢对生活抱以希望。

很幸运生活在这样一个快速发展和高度文明的时代，我们居住在标准化的住宅和社区里，使用着工业化产物的电器和交通工具，但不知为什么，我们的孩子却在渴望我们曾经过的生活。

大学毕业来杭州做老师快二十年了，我竟然几乎靠着“欺骗”，一步步阻止孩子的愿望变成现实。承诺到三年级可以养的小狗，一定是因为这样那样的原因泡汤了；承诺努力进步就会有的小猫，也都从小学盼望到初中了。

突然发现，在我们自认为生活越来越好的这个时代，孩子们甚至还不如我们过去富足。而我们自己也开始羡慕父辈的生活，希望有一方田园得以种植蔬菜瓜果，盛放本就不可能融入钢筋水泥的灵魂。

在还没有辟得理想田园和舒适空间时，我始终庆幸还能够在晚春的操场上寻得春色满园。我还可以欣喜地告诉孩子，只要我们用心就能看到草地上晒日光浴的眼镜花，操场边隔夜破土的泡泡菇，围墙旁被花瓣粘住的小蜜蜂……

盛夏之茂

江南一定是个好地方。不仅水土丰沃、山川秀美、气候宜人，而且历史悠久、人文荟萃、经济繁荣。这在当下，自然能汇聚更多美好，涵养更多希望，犹如人间天堂。

可柴米油盐的人间烟火和人情冷暖，竟也会让人们对心目中的天堂萌生出不宜休养之感。起码春夏之交时的窘迫忙乱便会让人有这种感觉。人们看惯了四季如春的景致，直到自己不由自主地打开空调那一刻才发现，已经很难从时间上感知季节变换。

而在整理衣柜时会发现，去年乃至前年自己亲手理好的衣服，还整整齐齐地叠放着，只是被压得更加紧实。多年前式样过时而又崭新的衣服，可能又赶上了流行风尚。

所以，我竟不由得打心眼里喜欢南方的夏天，即便我至今仍无法在身体上接受这里的酷热，但起码我能体验到四季如春之外的辣热。我始终认为是夏日从早到晚的酷热和午后暴风骤雨的喷淋，才无限催发了满树的枝繁叶茂和漫山的郁郁葱葱。我甚至开始感谢夏日为我勾勒出斑驳光影，激发我穿林远眺的云端畅想。

在我的记忆中，夏天的一切都随着温度的跃升而繁茂蓬勃，但夏日的午后一定会有一段时光是慵懒静谧的。尽管午后的温度还会上升，但划过天穹最高处的太阳已经偏西。记得年少读书时，我会在做完暑假作业后，在老宅房影下的石板上纳凉。原本寂寥的午后闲暇，不一会儿我的目光就会被忙忙碌碌的蚂蚁吸引，耳畔也会响起嗡嗡的蚊虫低鸣。而偶尔从头上飞过的牛虻，一不小心就会倒霉地在少年手上结束生命。若是哪只蜻蜓或蝴蝶晕头转向地粘在了蜘蛛网上，也一定会在少年祝福的目光里重新飞向远方。

那时的夏天，炙热与静谧，慵懒与勤恳，寂寥与繁茂，共生共存，和谐统一。而现在的夏天，又何尝不是生机盎然、生生不息。

江南确实是个好地方，能够让我在夏初的时候，再次见证了这一季的枝繁叶茂，再次感受这一季的郁郁葱葱。

这个夏天，应该会有绿树成荫的欢欣，也应该会有暴风骤雨的畅快。

北干晌午

曾经我唇红齿白，仪表非凡！而今上火牙痛，食肉软烂。于是我意识到不是所有的磨砺都会收获成长，也会有消亡！曾经我玉树临风，身轻如燕！而今衣带渐宽，腰膝酸软。于是我感觉到不是所有的积淀都会蒸蒸日上，也会有萎蔫！曾经我踌躇满志，意气风发！而今举棋不定，瞻前顾后。于是我体验到不是所有的努力都能实现梦想，也会有忧患！

曾经我对生活只是期望，而今更多了一份理解和热爱！我心若兰间！

记得大学毕业的那个夏天，我与爱人来到钱塘江南岸的萧山，开始了我们崭新的工作和生活。从无知无畏的热血青年，到踌躇满志的教育中坚，为了事业理想我曾挥汗如雨，也曾流血流泪。怎奈命运多舛，好事多磨，险至流落。也罢，谁不经风雨？谁不历坎坷？谁不受磨砺？不再希冀，留一段传奇足矣！

于是我开始回望过往，品析现在，并开始思虑未来。如果我就只是我，我要登上那眼前的山巅。在杭州生活了那么多年，我竟很少登上离家不远的北干山，更不要说踏遍山间小径。那山上高耸的亭台，我竟然不曾有过停留倚靠。这让自认为贪恋山水的我，多少觉得有些不可思议。

我终于在七月的一天晌午，登上了心心念念的北干山。雀跃往返，早已汗水淋漓，于是就近找一处空地躺下，就那样躺在太阳下，听着知了鸣叫，任由白云飘过……那一刻我才发现，原来在这里不但可以放空思想，还可以更靠近蓝天！若不是那只焦渴的蜗牛出现在眼前，我真的觉得这静谧的山上就只有我了。把它从石壁上拾起，心想女儿一定很喜欢这个新宠，再一想这小家伙可不要沾染了病毒。算了，还是将其放归自然吧。汗流浃背的我，释放了那个遍体生津的它，重回各自生活。

在晌午的太阳下，先印下一个大写的我，再去开启一段美好的旅程！

醉梦桂雨

记得那个秋高气爽的午后，我骑车经过白居易的府邸，忽听得堂前朗声吟咏：“山寺月中寻桂子，郡亭枕上看潮头。何日更重游？”摇摆蹬踏的喘息里，我不禁暗自思量，君正旺年，也在当下，何来重游？想必这醉吟先生，怕又是老酒贪杯狂放，抑或是被这桂花熏醉了！

吴酒一杯春竹叶……早晚复相逢！耳畔呼呼的风声，竟让我模糊了视听。即便心里挂念着吴酒与芙蓉的重逢，也只能继续各自的行程。随着自行车链条快速而有节律的转动，我分明已经到了一处青瓦白墙的大宅。斗拱雕梁的门楼，石狮立柱的拴马桩，鸿儒往来、商贾云集。

大宅门前，胡雪岩正将投名状和知事帖塞入袖袋，迎来送往、好不风光。可惜早知结局的我，不愿停留。就算你官至二品，就算你黄马褂加身，总难逃树倒猢狲散，终究落了个墙倒众人推。浊酒宿醉，抑郁而终。

布衣难近繁华。我只能在自行车上，脑补着刘松仁的仪表堂堂，欢喜着米雪的刁蛮靓丽，勾勒着八月桂花的芳香。只是未曾想有朝一日，我竟会离故人往事如此之近。穿行在忙碌的人群中，我们何尝不也是画中人。“幽幽一缕香，飘在深深旧梦中，繁华落尽，一生憔悴在风里……”

奔波的人来不及感伤，连回忆与思念都是奢侈品。但终究会有些事物，让我们放慢脚步，就像那午后的桂花雨。如果不是这季节的颜色过于单一，骑车时我绝不会注意到开放的桂花。她是如此平淡无奇，而又如此沁人心脾，那种甜香让人如痴如醉。

我竟想起了，初来杭州参加工作的那个八月，夜市贩卖的鸭梨五角钱一斤，小酒馆的东坡肉整日翻滚着酱汁，酒桌上的螺蛳吸得我腮帮子疼。我甚至还想起了，初来乍到时的两地相思和雄心壮志。站在宿舍窗前望着北斗闪烁，躲在操场草地上看着萤火虫跳舞，陪着孩子们尽情地奔跑和玩耍。

丁零丁零，若不是这颠簸时自鸣的自行车铃声，我想我还会继续徜徉在往日的思绪里。行路者终究要走向远方，无论旅途多么遥远，或是沿途有多少芬芳，我们注定怀揣着来路的风尘，奔向各自的远方。红尘滚滚，往事难留，今朝亦无歇。

那天，我去了白堤，推着车一路向前。游人如织，桂花如雨。我在人潮中寻觅，不知你是否也如期而至。我知你一定撑了伞，你说桂雨醉人，不忍多粘了甜香！

恍惚间，一对璧人擎伞徐行，年方弱冠，朱唇明眸，风华正茂。忽然下起了一阵花雨，朦胧中，一切竟无从寻觅。于是，我忙问那捉绳捕风的弄筝小儿，可遇见梁家公子或祝家千金。只是，我竟像梦魇一样，召唤无人应答，呐喊无法出声。还好，沁人心脾的甜香把我从困窘中唤醒，好一遭桂雨秋梦。

站在窗前，暗笑着自己的醉梦，突然发现不知何时，小区广场的蓝天下竟多了两只翩翩起舞的蝴蝶，耳畔也响起似曾熟悉的旋律："回头时无晴也无雨……漫漫长路，起伏不能由我，人海漂泊，尝尽人情淡薄……人随风过，自在花开花又落，不管世间沧桑如何。一城风絮，满腹相思都沉默，只有桂花香暗飘过。"

蔷薇花语

杭州的春天，不但有淅淅沥沥的雨，更有姹紫嫣红、争芳斗艳的花。沉浸在这样温润的空气里，人们不但容易沉醉于绵柔的黄酒，更易沉醉于生机盎然的春色。

赞过蜡梅的迎风冒雪，叹过玉兰的冰清玉洁，看过山茶的花开不断，可我唯独更喜校园田径场边的蔷薇。因为它是我到高新实验学校后才了解的一种植物。当然，我喜欢蔷薇更是因为听懂了它的花语。

你看它的生命力多么顽强啊。围墙边的砖头瓦砾也没能阻隔它落地生根。它如饥似渴地吸收着养分，不断冲破阻碍去攀爬生长。它甚至不需要浇灌和修剪，就能编织出最为壮观的天然绿墙。

你看它的个性多么独特啊。明明是初春时节，它却在枝头悄悄挂满了红果，仿佛经历了四季才成熟。而那遍布于根部和叶脉的尖刺，便是它的自卫武器，会不由得让人对它敬而远之。

当然，它也有最柔软的地方。在春天，它那最有生命力的枝条会隐去所有的尖刺武装，然后用越冬积聚的养分，生发出最嫩的新芽。而这似乎就是为了方便园丁剪枝扦插。甚至连那经历严寒方才成熟的红果，也像是在吸引着人们去播种。

正是因为这些无声的花语，让我开始懂得、喜爱和珍惜围墙边的蔷薇。

又是一个万物生长的季节，又看到那蔷薇花挂满了围墙内外。每一分向阳的空间里都填满了春色，每一寸风来的空气里都弥漫着芬芳。

行路

栀子花开

这个周末把我从睡梦中叫醒的，不是凌晨的雨声、鸟鸣或晨练者的喊叫声，而是木鱼锣镲的阵阵敲击声。来到江南二十载，我对于午夜放爆竹、楼道烧纸钱、红白喜事吹吹打打等现象，早已见怪不怪了。这应该是一种习俗或信仰，只是有时难免会扰民，让人心生抱怨。

等那“追魂催命”的木鱼锣镲声稍一停歇，晨光已撒向阳台外的护栏。连窗台上的栀子花，仿佛也被惊醒，散发出浓郁的香味。一丝清凉与甜香，这才是此刻最沁人心脾的味道啊。

老杭州人一定记得，每年这个季节在人流密集的城区路口，总会有着装朴素的人，向等候红绿灯的司机兜售栀子花。精致的细铁丝弯钩上吊着含苞待放的栀子花，挂在车里可以将自然的芬芳留住一整天。

大自然最真最美的馈赠，经由最质朴的加工，来到那些认为值得并懂得珍惜的人身边，这应该是我对杭州这座城市的风土人情最美好的回忆了吧。只是这样的记忆越来越少，也许是因为讲究效率的我们越来越少走到这样的路上吧。

从没想到过自己有朝一日会出一本书，而且还是有些“高大上”的学术专著。博库书城、天猫网店、当当网均有出售，我瞬间感觉有些“膨胀”了。

我始终相信卖书不能发财，我著书立说只不过是想通过这样的方式让我更了解我的朋友，认识更多的朋友，给我自己注入更多的力量。

小区里的木鱼声在远处传递着虔诚，窗前的栀子花也似乎更加芬芳，不同的世界观和不同的价值体系就这样共生并存。

初梅听雨

最爱江南的雨，如稠密的丝，织一张网，屏蔽世俗，闹中取静。临窗品茗或素食淡酒，任由一帘春水滴翠成溪，只是未及成潭，已摊薄如璧。唯见庭前颗颗劲雨，碎如水面的朵朵莲花，转瞬即逝，而又往复不息。

最爱江南的雨，淅淅沥沥地下个不停，一遍遍冲洗着大地，直至天地间至净至纯。说来也奇怪，这雨本没有什么波澜，但细听起来竟有韵律。那轻重不一的雨滴，跳动在质性有别的器物上，仿佛精灵，勾勒着午夜的轮廓。

我恍然大悟，雨且无色有声，时光岂能虚度。这江南的雨，竟让人心境澄明，放眼望去，千里皆明！

此刻，梅雨初停。

合欢之殇

我从来没想到，这样粗壮高大的树冠上会生长出如此娇艳的花朵。翠绿的柄，白白的茎，粉红的花丝，仿佛少女脸上薄涂的胭脂。这就是让人驻足、留恋和赞叹的合欢花！

我之所以会遇见这令人难忘的光景，并在内心留下一丝清丽的印象，完全是因为合欢的独特。

我猜它只有在午夜最寂静的时候，才会伸展出天使般的触角，要不然它不会在黎明时分亲吻大地。也许，它的独特之处，就是要在清晨铺满路面，给每一位只争朝夕的人儿以最绚丽的问候。

我也曾羡慕它的性格，漫长的隐忍，就为了那最灿烂的季节。熬过冬日的潮湿阴冷，再耐着春日的孤独寂寞，才有了钱塘江畔夏日的粉红绽放。

可惜，我到底不如你！我终究成为芸芸众生中的一员，过着和大多数人节奏相同的生活。真不如你洒脱，忍得霜冻，耐得春色，只为夏华。即便是夜花晨陨，也让人感慨敬佩。

今年，即使到了初秋，仍能见到你在挺拔的枝头盛开。记得我也曾在枝头吻过你，闻到你的哪怕一点点幽香，闭上眼睛就是夏日的味道。

忽见槭红

不知是哪片秋叶激起了我的情思，或者是哪朵零星开放的秋花吸引了我的注意，每一个清晨我都从那槭红树下走过，却许久未曾在意它的葱绿，而在此刻感慨它的秋黄。

课间从财务室返回时，我竟未从楼梯走捷径返回办公室，而从楼门径自而出。一瞬间，朝阳的光亮倾泻而下，眼前出现了一抹从未有过的鲜艳色彩，我深深地被吸引、震惊和打动。

我曾无数次从你身边走过，也曾不经意间瞥见那并不别致的绿色，甚至还听说你也曾收获可以播种的果实。但我从未因你而停留，甚至很少感受到你的存在。直到今天，我听到了你与风的倾诉。我知道你就在等那分明的四季，在岁月冷暖间展现你的风采。你也一定曾感谢凛冽的北风，每一次吹拂都会锤炼出你更加刚烈的生命力。

只是可惜，我们可以用不同的色彩装点不同的季节，却无法用欣赏的眼光去看待周围的一切。生命的鲜活在于其灵动，而不是被条条框框所桎梏。能感动人的教育应该是在可见的起点，培育不可限量的理想未来。

很庆幸，我陪你走过四季，终于等到你的不同色彩，橙黄、殷红、翠绿！

城中赏雪

雪在江南绝对是个稀罕物。如果能下几寸厚且半天都不融化，那几乎是三年五载才会遇上一回的大事。但凡快要下雪了，人们一定会积极应对，甚至翘首以盼。

如果孩子们听说夜里会下雪，第二天便会早早起床趴在窗户上寻找雪的踪迹。如果恰巧赶上放假，只要看到雪花飘落，他们便会不约而同地拿着早已准备好的沙滩铲子、塑料盆、玩具车，喜笑颜开地飞奔到楼下，一定要在雪地上或者盆子里，堆出一个尽可能大的雪人。可真要是三五个小伙伴聚到一起，他们便会马上将各自附近积存的雪捏成小雪球变成武器，然后快速地举起，再高声掷出……于是，在城市冰冷的钢筋混凝土丛林里，人们又能听到那发自内心的嬉笑打闹声。

年轻人最浪漫，总能在银装素裹的世界里，为雪点缀一些青春的曼妙。室外停着的汽车挡风玻璃上，不知谁在雪上画的一双可爱的大眼睛让人仿佛置身童话世界。而引擎盖上用雪堆积的超人，又让人猜想这是不是科幻电影里超级英雄的座驾。手拉手的情侣，则会俏皮地走起八字脚，为雪地留下两行渐行渐近的脚印。如果你循着脚印走过去，可能会在两行脚印交汇处，看到雪地里赫然出现的爱心，或许还会有一些甜言蜜语。

在雪中也会遇到一些历尽千帆的老人。老夫妻两个人或者三五老友一起，杠着长枪短炮般的摄影器材，穿着冲锋衣、登山鞋，一看就是为赏雪、拍照留念做好了充足准备。如果真是单纯地赏景，那么跟着他们走，总会让你看到不一样的景致。你看，那一颦一笑、举手投足间的讲究，取景构图的认真，已然是一幅最和谐的画面了。

我这个北方长大的人，竟也开始喜欢起南方的雪。不单单因为雪是这里的稀罕物，也不仅仅因为我早已受够了南方的湿冷，而是因为雪让我看到了人们的真性情，纯真的快乐，至美的和谐。

这一次城中赏雪，让我感受到了别样的冬日温暖。

春游羊城

旅行对于我们这样的人来说并非易事。对生活品质有一定要求，又喜欢潇洒从容，所以我们往往不会选择跟团游。加之是举家出游，难免会费些周折。

焦虑忐忑只有在飞机起飞后方才停歇。从早到晚一直想着如何细化行程安排，如公交转换、餐点茶歇、景点攻略等，我早已在头脑中画出本次广州行的导引地图。

根据五羊传说创作的五羊雕塑，体现现代传奇的广州塔（昵称“小蛮腰”），繁华热闹的北京路和上下九步行街，这些大家耳熟能详的标志性去处，自不可少。而光孝寺、陈家祠、大教堂、中山大学等历史人文景观，更是本次出游的重点。

行程排得太满就难免会有些赶，头脑中计算着路程，估计着时间，不知不觉我就会走在前面。在中山大学游览时，这样的情况尤为明显。

看着孩子驻足观察围墙、树根、落叶、花朵并不停拍照，我甚至以命令性的口气提醒：“注意捕捉高价值目标！”不过看着孩子看到牛蹄样树叶时的惊诧，抓拍林间小鸟时的雀跃，身心放松的快乐，我不禁豁然开朗。

生态教育不是填鸭式地说教，我们不要期许通过强加的价值观去影响孩子，而要埋下亲近自然、爱护自然的种子并呵护它发芽长大，静待花开！孩子能够在这样的环境里怡然有趣，不正是我们所希望达到的效果？

旅行的关键并不完全在于游遍多少景点，留下多少照片，道出多少轶事。而在于我们是否身心愉悦，是否陶冶性情。换一个身份，换一个视角，自然会换来一份收获！

很多人之所以来广州旅游，特色饮食的诱惑可谓功不可没。而最终能否体验到地道的粤式美食，还要看游人的经济基础和饮食习惯。每一位到过广州旅游的人，都对广式早茶赞叹有加。广式早茶伴随着岭南人的日常生活，早已形成了颇具地方特色的饮食文化。

初来乍到，我们一家人就在陶陶居与别人拼桌“搭台”享受了一顿早茶。陶陶居一楼是那种宴席用的大圆桌，客满时即便不相熟悉的客人也会拼桌。坐定以后就可以“开茶”，挑选自己想喝的茶，最常见的就是铁观音、普洱、菊花等。开餐后“点心仔”推车出来，顾客用点心卡取餐，“点心仔”就在卡上盖章注明。很多游客都争先恐后地取餐，唯恐错过了美味或耽搁了行程。

印象最好的还是点都德的早茶。一般稍微等待一会儿就能顺利入座。即点即蒸的点餐方式，既与游客平常的点餐方式相同，又能让游客在点餐时直观地了解他们所点的餐食，最为重要的是能够最大限度地保留餐点的理想滋味。除了点餐方式上的优势，点都德的工夫茶和传统美食都能给游人较好的饮食享受和文化体验。按照当地的早茶文化，当服务员或朋友为你斟上茶水时，切记应以右手食指与中指微屈，叩击桌面以表谢意，既礼貌又亲切。

此外，我们还就近体验了顾客多为广州本地人的茶楼。虽然都是用点心卡为顾客点餐，但茶楼设置了“小、中、大、特、超”五个级别的套餐，不但饮食品质高，而且价格更是实惠到家。听着旁桌柔声细语的粤语，瞥见亲朋聚餐派发的红包，感受他们忙碌而悠闲的生活，确是不一样的广式早茶文化！

一个有着自己的语言体系，且日常饮食都可以形成特色文化的地方，一定有着深厚的历史积淀。南越百年，五朝而终，在整个华夏文明史上不过是沧海一粟。然而，参观了西汉南越王博物馆，就足以让人对两千年前的文明惊叹不已，甚至会猜测这些馆藏文物一定是哪位时光穿越者留下的杰作。可通过考古工作者的揭示我们才知道，眼前的一切都是西汉时期南越文明的杰作。

不由得感慨，我们始终在创造，在开拓，在推陈出新。这其中一定有物竞天择，也一定有与时俱进，但也或多或少有一些人文智慧被损毁和舍弃！

庆幸的是，我们在发展的同时不忘反思我们的行为，并开始采取相应的措施，我们开始保护动物、保护生态环境。在对古人文明无法解释甚至无法想象时，我们保护文物和文化遗产，守护着我们民族的魂和人文的根！

菩提本无树，明镜亦非台，本来无一物，何处惹尘埃！未有广州城，先有光孝寺，最慕是惠能。光孝寺始建于三国时期，几经损毁复建，几易权属用途，得以延续至今。

广州是达摩祖师东渡传法的登陆地，而光孝寺是六祖惠能剃度之地。据传，惠能得五祖弘忍传授衣钵后，再回岭南历五年法难，于光孝寺讲风幡语，得印宗法师剃度并开坛授法。虽然惠能只在这里开坛一年，但却得到了普遍认可和尊重，为后来确立曹溪一派奠定了坚实基础。

遥想当年，惠能法师直指人心、见性成佛的大智慧，博得众人膜拜。但印宗法师求实求真，重德敬才，对惠能的发掘、重用、礼遇，这何尝不也是一种大智慧。使得人们但凡提及惠能，都会想到光孝寺。

千年之后，寺院里仍是烟雾缭绕，整个寺院的僧俗人等都井然有序。钟鼓楼上悬挂的横幅，一定胜过保安的千言万语。“一炉一支香”，六祖余晖尚在！风动、幡动、心动！人心，我心，佛心！

游览广州的历史人文景观，自然不能少了石室圣心大教堂。它是国内现存最宏伟的双尖塔哥特式建筑之一，也是全球四座全石结构哥特式教堂之一（另外三座是巴黎圣母院、威斯敏斯特教堂和科隆大教堂）。

大教堂形神兼备。教堂的外观具有双塔、石室、彩窗等鲜明的哥特式建筑特征，让每一位走近它的人都不由得肃然起敬！据说当年在建造教堂时取来了罗马和耶路撒冷的土壤，以表达天主教创立于东方之耶路撒冷，兴起于西方之罗马。

大教堂中西合璧。大教堂由法国设计师设计，拿破仑三世拨款50万法郎专门用于建造这座教堂。而大教堂的建造指挥则是广东揭西坪上镇尖田村的石匠——客家人蔡孝。在这幢鲜明的哥特式建筑里，融入了很多中国智慧。用糯米桐油代替水泥，这样既防水又牢固；穹顶石块用铁筋穿起来，这样更加牢固；教堂楼顶的出水口，也改成了中国狮子造型……正是基于中西合璧的文化交流和智慧创造，大教堂才得以顺利建造完成。

大教堂昭示古今。大教堂所在地址之前是两广总督行署衙门的所在。鸦片战争中英法联军的炮火将这里夷为平地，法国人逼迫清政府让出该土地建造大教堂。这是何等的耻辱与讽刺?！50万法郎的建造款，也是来自我国的赔款！

今天，当我们走进这座教堂被它的庄严肃穆所感染时，请不要忘记这里凝聚着中国工匠将近三十年的血汗！当我们被信教人士的虔诚所感动时，请记住文化的落后比国防的落后还要可怕。如果不是曾经遭到破坏，也许今天我们仍能看到拿破仑三世时期的彩色玻璃。如果我们的国家不够强大，我相信谁也不能独善其身！

铭记历史，开创未来，我们应感恩一切美好！中山大学南校园（又称“康乐园”）的校史就是一部别样的中国近现代史！从清朝光绪年间由美国长老会创办的格致书院，到第二次世界大战期间二次迁校，再到新中国成立后的拆分合并，康乐园可谓历尽沧桑。

正是怀着这样一份崇敬之情，所以即便是要费些周折，我们也要走进这所颇具盛名的高等学府！在校园里，每每遇到返校的学子，我都投以羡慕的目光。

令人印象最为深刻的是校园建筑和植物所营造出的幽深和怡然恬静的氛围。十年树木，百年树人，百年名校，薪火相传。只是这些已是文物的建筑，只能用它们的沧桑来诉说格物致和的平凡夙愿。而不断开枝散叶的植被，仿佛见证了一位位饱学之士，指点江山，治国平天下！岭南圣地，康乐中大！

漫游福厦

早听说榕城之美，三坊七巷遍布古今人文，三山两塔流淌一江清秀。这趟山水之旅今天终于成行，列车时而在明亮的阳光中疾驰，时而在幽闭的隧道中穿行，距榕城越来越近。

福州站外城建如潮，拉开架势迎接八方来客。在出租车上，司机明言涨价。也是，正逢佳节怎可劳不多获，可见这城这人也难免俗。我倒也享受这世俗之乐，不必时时担心自己为人情所累。

恰旅居于山之麓，清晨拾级而上，一路欣奇。远望白塔出谷，俯瞰九仙丹釜，登临状元学塾，拜览戚公祠府，九日台前思古。虽山水有限，然各有其道，多少英雄时势造就时世英雄。榕城问道，正道沧桑。

我喜欢厦门这座城市，也许就是因为鼓浪屿。沙滩，大海，蓝天；美食，小资，人文。几年不见，这里的码头更大了，景致更美了，让人留恋的东西也更多了。为了盖章，大人孩子不知疲倦地走进一家又一家店铺，难得的步履轻快和一致。只是来去匆匆，来不及仔细品味，但是从此又多了一份故地重游的期盼。

其实，每个人心中都有一些情结，或芳草青青、书声琅琅，或两小无猜、青梅竹马，或踌躇满志、意气风发。而当厦门大学成为这座城市的旅游地标，这些情结便会在走进校门的瞬间开始释放。

漫步人生路，无论何时何地，我都不会忘记那个与你相遇的地方。即便风雨交加，撑一把伞，仍旧有我最温暖的陪伴。有你，何处都浪漫。

除了浪漫小资被人称道，厦门的历史人文同样出彩，南普陀寺更是佛教圣地。它依山而建，寺在山边，山在寺内。它历史悠久，香火旺盛。放生池里的金龟总能让孩子们在这庄严处所绽放开心的笑容。免费布施的香烛也让香客们在这纸醉金迷的世界里平添几分虔诚。南普陀寺后巨石密布的山最能满足游客们登高望远的美好愿望。

拾级而上你会发现，古刹巨石成全了一幅绝美的画面，岩洞石隙客居着各路神仙。寻一块巨石坐下远望，寺庙在海天一色里变得缥缈，仿佛海市蜃楼，宛如仙境。于是，我猜测刘禹锡应该未曾坐在这块石上，起码未曾赶上这样的时节和光景，否则应不会作出“山不在高”的论述。你看，明明是这寺守护着这山，这山滋养着这寺。蓦然回首，望寺见山。

来厦门旅游，只要时间允许，我一定会去趟土楼。土楼是世界文化遗产，是世上独一无二、神话般的建筑。走进土楼，首先映入眼帘的便是居于中心位置的学堂。跨过高高的门槛，仿佛仍能听见孩子们在父老乡亲的注视下大声朗读。触摸黄土砌成的土墙，一瞬间乡愁开始浮现。

遥想当年，因为天灾人祸，一群人扶老携幼，远走他乡成为客家人。即便走进偏远山区，仍无法避免强盗骚扰。唯有就地取材，抱团而居才能够安稳生活。然而，面对艰难困苦和生杀掠夺，他们从未放弃对孩子的教育。如若以暴制暴，就不会有今天的土楼。若没有了文化，土楼与蚁穴何异？

客居云水之间，百年溪水磨圆了砺石的棱角，却冲不走那浓浓的乡愁。

甬城馆览

我们常用一个城市的繁荣程度，来衡量这个地区的经济发展状况，乃至任性地揣测它的历史积淀。宁波是经济发达的江浙名城，一定有它独特的城市风貌和历史文化。以往我对这里并不太感兴趣，而当我参观宁波博物馆后却深深为其所感动。

历史不是千疮百孔的堆砌，它是时间为我们留下的一扇扇窗和一道道门。当我们走进这些门、推开这些窗，就能够听见时间在白驹过隙间倾诉，就能够看到岁月在时光荏苒里重生。无论是枝繁叶茂的秀立，还是枯木逢春的期盼，只要抛开空间上的延展，只要接续时空的纵横，岂不是人文历史的浅易应景?!

历史长河里总是闪耀着人文智慧。中国古代造船术领先世界千年的辉煌，才支撑起郑和七下西洋的伟大征程，铺就了海上丝绸之路的康庄大道。然而，百舸争流里应该就没有什么一帆风顺。

今天，当我们站在博物馆的橱窗前，得以从时间穿梭里认识过去。这时，我们不仅要为中华民族的璀璨文明点赞，还要为城市的和谐发展点赞！岁月如歌，江山如画，莫负芳华！

雄关漫道

就因为一句“不到长城非好汉”，我便也跟随人潮奔赴这世界奇观。远望如巨龙般的蜿蜒长城，即便手扶栏杆踏着城砖前进，我依然觉得心急气短。

倒是偶有急速前行的少年，健步如飞，平添了几分英雄气概。最佩服那些虽步履蹒跚，但坚定执着的老人，就那样慢慢地朝着好汉坡前进。不用猜想他们年轻时的豪情壮志，今日他们就是不折不扣的“好汉”。

却是我这样一个身强力壮的大男人，爬不上好汉坡，自然也做不了什么“好汉”。许是见了这一块城砖一个魂的长城而心生敬畏吧！

从射孔墙垛望去，长城外只有草木，早不见了什么强马外夷。想必在没有飞机大炮的当年，光是这长城也足以断了他们任何入侵中原的念想。只是秦始皇被无数个“孟姜女”骂了千年。

第六编

他乡故乡　梦里乡愁

人生就是一场华丽的告别，从我们出生的那一刻开始，到所有的演出落幕而结束。我们就这样被时间裹挟着，奔走在一条永不折返的路上。

生活让我们不得不离开一个地方，奔向下一个去处。也让我们不得不离开一些熟悉的人，然后再去结识一些陌生的人。

一路的奔波，打破了儿时的梦想，也压弯了青春的脊梁。直到这时，我们才会审视来时路，以确认身心去处。

那时、那地、那些人，再次出现在乡愁梦里。

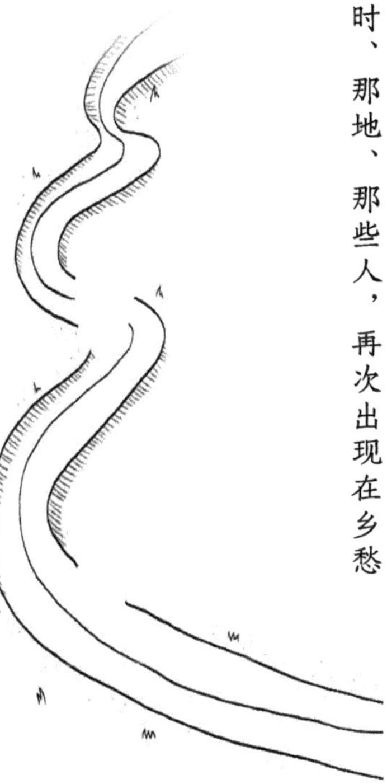

家在东北

一方水土养一方人，东北山水之奇要数冰雪。在东北人的记忆中，冰雪代表的是快乐的玩耍，是年节的相聚，是来年的期盼。作为土生土长的东北人，这是我工作十六年来第二次踏雪而归。从下车后手捧一堆雪揉搓的兴奋，到出门专挑街边雪堆走的怪异，直到在冰场上，我终于喊出了久违的畅快。有那么一瞬间我感觉到，我又成为那个似曾相识的东北人，久违的记忆只有在这特殊的环境中才会被激发，在冰雪中沸腾。

东北人的热情温暖，是人们为这块土地树立的人文标志。在松花江的冰面上，拖着行李过来游玩的我，即便开口说着地道的方言也会毫无疑问地被划归外地人。也许是因为幸运，在江面上兜售冰雪用品又兼职做导游的东北大姐，在介绍游乐项目时并没有强买强卖，引导我们到达场地后也没有让人不舒服的言语。能够对人热情而不让人反感，即便无利可图也愿给人温暖，这就是东北人的性情。

东北人的爽朗率直，是这块土地留给人们的文明印记。在回来的列车上，邻铺女孩的电话，把我从睡梦中慢慢叫醒。“我一边说谢谢一边让列车员帮我把箱子放到架子上，列车员边放边说：拿不动还拿这么大的箱子。气死我了，我愿意拿啊，我都说谢谢了……”我可以帮你，但我要告诉你考虑不周的地方；你可以帮我，但你也不能对我颐指气使地说教。这样的情景只会发生在东北。爽朗而不瞻顾，率直而不藏掖，这就是东北人的风骨。

我也热情温暖，也还爽朗率直，但我感觉自己不曾做过纯粹的东北人。

“为苦口婆心的父母而活，为循循善诱的老师而活”，年少时我追求的是学业的进步。我会在放学的路上如电影回放般复述一天所学，会在学校的围墙边将一本书倒背如流，中考时我提前半小时交卷还考取县里唯一的省重点高中，那时候我留下的是“学霸”的神话。但留在我记忆里的，除了老师就只有前后桌的同学。为了未来而努力，从不会关注当下。但我们除了不可即的未来，还需要不可缺的现在，和不能改的过去。

即便“物离乡贵，人离乡贱”，但工作后我谋求的仍是事业的发展。我会为了学校的工作部署而起早摸黑，也会为了领导的任务嘱托而没日没夜地干，还会为了科研项目攻关而不眠不休。于是，才获得了一些荣誉，发表了几篇文章，得到了同行的好评。但在我的这段记忆里，工作左右了我的喜怒哀乐，我的生活除了工作还是工作。工作带给我收获，也带给我失落。但最大的问题不是得失，而是我把生存当成了生活。

海伦·凯勒在《假如给我三天光明》中说，也许人类的悲哀便在于此，拥有的东西不去珍惜，对于得不到的却永远渴望。我们本应纯良知恩、满怀激情地过好每一天，然而日复一日，年复一年，这些品质往往被时间冲淡。到东北五天了，我发现回家的旅途并未因岁月流逝而陌生，也没有因路途遥远而漫长。

外甥女已经摆好菜品催大家吃饭了，暂且搁笔，来几瓶天涯，叙一叙“江湖事”。我就是一个普通的东北人，在无畏无惧中潜心求索。我就要做一个纯粹的东北人，自命不凡而又安于平淡。举杯天涯，天涯过客！

双城记忆

我喜欢冬日的双城堡，踏上了阔别近十年的土地，我又感受到了熟悉的味道。青白色的煤烟调和出雾霾的味道，这曾经是儿时记忆中最奢侈的消费。轻烟搅和着薄雪总能为冬天的早晨渲染出最慵懒的暖色，所以东北的孩子很难画好精致的山水画，但几乎每个孩子都能寥寥数笔画出别致的雪景。一门一窗的雪屋门口，总是应景地画个长着胡萝卜鼻子的雪人，再补上一缕缕袅袅炊烟和一条条幽幽小径。对快乐的追求，对生活的热爱，对未来的期盼，都包含在这画里了，这便是简单纯粹的童年。

随着梦想开始发芽，记忆也在不断延伸，而轻快的脚步也早就走出了雪屋门前那条小路。开始骑自行车上学是在初中，与同村的伙伴每天骑行十几公里倒也欢快。只是大雨滂沱后肩扛自行车的坎坷泥泞和风雪及膝时推行自行车的刺骨冰冻，让求学路上的同伴越来越少。于是我开始自己选择道路和变换速度。我会在放学时的公路上，骑车追逐下午最后一班公交车。我喜欢那种裹携在尘土中的燃油味道，我知道有一天它会带我走到更远的地方。

第一次坐火车是母亲带着我们兄弟两个去大姨家，我们坐在绿皮车的深绿色座位上，欣赏着窗外飞逝的风景。我想这件事一定是我曾经最值得炫耀的经历了，只是不知道当年的小伙伴是否还记得。我第二次坐火车则是读高中时，同样是绿皮火车和深绿的座位，只是那个懵懂少年已经迷失了最初的梦想和家的方向。后来读大学再到工作，已记不清坐了多少次火车，坐过多少种类和等次的火车。

有些地方无论离开多久，你都会眷恋。有些人无论相隔多远，你都会想念。离别越久，思念越深，那时、那地、那些人都开始变得生动。有些情景在朦胧中开始模糊，有些事物在清晰中逐渐陌生。而双城堡对于我来讲，这一生都无法丢弃，也无法忘记。无论走多远，无论离开多久，只要接近它，即便不顺路我也要特意去一下。

列车的锅炉里依旧煤火通红，只是不再像过去一样敞开炉膛。车厢连接处的吸烟区也还存在，不过烟缸上多是常年积累的灰垢。透过窗上霜花的折射，飞驰向后的楼房竟有些光影模糊。只有那绿皮火车还在不停前进，从这一站到下一站，从起点到终点，从无数个过去到同一个未来。

鞋垫温暖

三舅是爱人的娘家至亲，但凡寒暑假回来我们一定会去探望他。走进三舅家所在的那条胡同，总能跟随爱人的追忆感受到浓浓的亲情。不仅是因为她曾经在那里短暂生活过，还因为那里有姥姥慈祥的笑容和温暖的土炕。三十多年过去了，曾经高檐明瓦的老屋已经显得低矮，姥姥也早已去了另一个世界。岁月就这样用尘埃慢慢湮没我们记忆的痕迹，但在这冰天雪地的季节里总有一些温暖让我怀念。

我不禁想起自己的儿时生活。小时候一双过冬的棉鞋肯定要穿上两年，从宽宽松松穿到脚丫将鞋子挤得棱角分明。陪我上学路上连跑带颠地往返，伴我放学后与小伙伴三五成群地做游戏。即便鞋上粘的雪结成冰，我也从未感觉寒冷，因为在我的脚底总有一副干爽温暖的鞋垫。

姥姥做的鞋垫最合脚。那时候，剪鞋样、糊革板、纳鞋底、做鞋子是绝大多数北方女人的必修课。因为都是自己量了尺寸再剪的鞋样，所以做出来的鞋垫正好大小合适。而且姥姥总能把最普通的材料做成最温暖贴心的鞋垫，她会把旧棉花和布头缝合成棉垫，柔软而温暖，她也会挑选柔软的玉米叶缝制成鞋垫，简单而实用。姥姥每天还会在我们睡着后，帮我们拿出鞋里的鞋垫放到炕头的席子下烤着，等我们第二天穿上鞋就又干爽如初。

随着我们一天天长大，搬进新家的生活逐渐变得忙碌，姥姥的鞋垫也放在老屋慢慢地淡出了我们的视线。我还会穿姥姥预先做好的棉鞋，但与妈妈新买给我的大头鞋比总感觉缺少新意。尽管妈妈买的新鞋子有时不如姥姥做的棉鞋合脚，但新鞋子配有几双制作精致的毡底鞋垫。在鞋里垫上两双鞋垫后，感觉鞋子似乎合脚了些。只是每次肆意玩耍后，总会有半截鞋垫调皮地钻到裤脚里。

现在的我们已经很少用到鞋垫了。曾经疯长的脚丫已不再变大，曾经奔跑的双脚也逐渐沉稳，突然发现现在的鞋子似乎已很难再穿破了。该有鞋垫的鞋子，买来时鞋里就会做好一体的鞋垫。等到将鞋子穿得需要换鞋垫的时候，我们已经买好了崭新的鞋子。虽然生活较之从前越来越富有，但我总会在安静的时候怀念姥姥做的那些鞋垫曾经带给我的温暖。时间让我们在岁月的长河里浮浮沉沉，不知随波逐流的你们是否拥有过同样的情怀？

夹菜的人

小时候，父母在做饭的时候，如果可以选，一定会问一下爷爷奶奶想吃什么。于是我们每天总是在吃长辈最喜欢吃的东西，只是上了餐桌后鱼肉类的好菜总在不知不觉中被爷爷奶奶夹到了我碗里！我们从不用选择，只顾大快朵颐，但家里却充满着欢笑和快乐！

长大后，爷爷奶奶慢慢离开我们的生活，在吃饭这件事上我也有了自己的喜好和选择。但我发现父母的口味与自己有些不同，如果我喜欢吃鱼，爸爸就总是喜欢啃着鱼头一边喝酒一边给我们讲工作中的笑话，妈妈也总是舀起一碗汤泡饭谈着家长里短，还说这样有营养还美容。

再后来，我们为人父母。不知不觉中我们也开始喜欢在儿女面前，啃着鱼头和骨头笑谈人生。我们的父母一如当年我们的爷爷奶奶一样，给我们的孩子夹菜。唯一不同的是，已经好多年不给我们夹菜的父母，在给我们的孩子夹菜后又开始给我们夹菜，而我们偶尔却在心里想着健康习惯和卫生知识。

突然间才发现，给我们夹菜的人越来越少，而我们也在用别人能接受的方式开始给别人夹菜。一瞬间我感受到前所未有的思念和温暖，轮回和挚爱！

爱在平常

记得三年前，浙江师范大学的王教授曾跟我讲过这样一件事，说他鼓励女儿每天晚饭后给父母敬茶，一茶知恩显孝，更不失接人待物之礼仪。我不禁赞叹，教授的家教果然非同凡响！

时至今日，看着女儿一天天健康成长，我竟不禁也陷入为人父母的焦虑。某次作业忘交了，某回成绩下降了，某项事物不够理想了……都会让我焦虑。这时我才意识到孩子并不是样样最棒和永不犯错的。但我始终明白孩子是来拯救父母的天使，而不是万能的上帝！

作为一名教师，当我们自己都在宣讲纸上得来终觉浅时，对孩子过多的说教就是粗暴的宣泄。恰茶余饭后不禁回想自己的成长过程，父母对我的教育是小学开学时干干净净的书包和用报纸包好的整洁的课本，是初中冬日放学后踏雪而归时村落里最亮的那盏明灯，是高中时伫立村口挥手送别的身影。他们从没用时髦的字眼和高深的道理告诉我什么是爱，却让我多年以后一谈起爱就会想到这些！

忙碌了一周，拖着疲惫的身体，在江南湿冷的空气中，当我想到要用自己的行动去表达爱意时，竟然充满了愉悦！亲自下厨烧两道小菜，盛一碗热腾腾的米饭，这就是家的味道。让孩子在被爱中体悟生命的意义，给孩子时间去感受爱的真谛。父母能够给孩子的最好的财富就是爱，而爱的教育就包含于平常之事！

入园的信

总认为自己越来越理性，总想遮掩内心深处的情感，所谓的成熟和稳重，在面对孩子那一刻荡然无存。曾经奔波过，但值得。即使今夜无眠，守候在女儿的床边，听听她的呼吸，摸摸她的额头，心里也会踏实些。在父母眼里，孩子是心头肉，是自己生命的延续又高于自己的生命。父母的爱，无尽无休，无怨无悔。

我何尝不想品尝这人间挚爱，只是总有各种理由而忽视了。懂得爱，感受爱，珍惜爱，传承爱，家庭是汇聚爱并创造爱的地方。挑战自我，战胜惰性，让家永远充满爱的芬芳。祝福那些我爱的和爱我的人，祝福那些爱与被爱的人，幸福安康！

宝贝，你知道吗。是爸爸妈妈带你来到这个世界，来到这座城市，来到这群人中间。当你的生命刚刚开始，你在妈妈的腹中活动时，我和妈妈对你的爱就开始升腾。爸爸同妈妈将全世界最美好的祝福、最宽广最多的爱都给你，要你健康、要你聪明、要你幸福。

是你让爸爸妈妈知道生命的价值和含义，是你让我们明白了做人的真谛，是你给了我们无可替代、无法比拟的幸福，是你让我们的生活变得完整和多彩。你是爸爸妈妈爱的见证，你是我们生命的延续，你是上天赋予我们最高的恩赐。

爸爸妈妈一直自责不能给你更好更多，但是我们始终相信你是最优秀最完美的宝贝，你一定会有无比美好和幸福的未来。

无论何时、无论何地、无论何种情况，你一定要相信你是爸爸妈妈一生最大的骄傲。任何时候，爸爸妈妈都会给你最大的支持，让你坚持自己的理想，实现自己的梦想。尽管这世界总有一些不愉快，但你要相信这世界从来都是积极向上的，要努力地活出自己的价值和风采，我们永远都是你最忠实的观众和朋友。

宝贝，不久的将来，你将离开幼儿园，到小学、初中、高中、大学，直至更远，你将有更加丰富多彩的学习和生活，也许有一天你会发现爸爸妈妈比同学的爸爸妈妈更老更土，但是你一定要原谅爸爸妈妈，因为是爸爸没有照顾好妈妈，是妈妈为你操劳更多。你一定要相信无论爸爸妈妈多老，我们对你的爱从不会减少。

也许有一天，我们都会离开你，到一个遥远的地方去，但你绝不会觉得孤单，因为爸爸妈妈全部的爱和祝福始终围绕在你身旁，赶走你最怕的大灰狼，我们会用尽所有的力量保护你。你也必将有爱你的人，陪你生活，陪你走过这幸福而难忘的人生旅程。你们会有像你一样可爱的小宝宝，像你一样顽皮，喜欢用手指抠砂糖橘、喜欢把酸奶打开用手吃、喜欢爸爸妈妈用床单兜你荡悠悠……

你是我们生命的全部，你是我们一生的美好，努力吧，我们最爱的宝贝。

小学生活

虽对学校熟悉，且已报到注册，但女儿对即将开始的小学生活仍缺乏足够的兴趣。“明天就上小学了，多好呀！”“我怎么不觉得呢？”是啊！我怎么会说出如此空洞的话，也许是因为对于可预见的紧张学习，我也缺少足够的把握而失去了底气。

晚饭过后，稍作休息，以往专注于网络打牌的父亲竟也走出房间，大声问是不是要准备睡觉了。从母亲口中得知，父亲对于女儿上学的重视程度绝不亚于当年我入学时。

女儿以往入睡较迟，我们的要求也相对宽松，八点睡觉着实有些早了。过早静卧，会让睡不着的人又平添了几分忧虑。但习惯总要一点点地改变，就从今天开始吧！

身为班主任的妻子管理晚自修要到九点半才结束，我只能仓促登场。

“宝贝该睡觉了，明天就上学了，多好呀！”即便是美好的祝福，说了两遍，那份量也会打些折扣，答案可想而知。“我怎么不觉得呢！”一时间，我所有的焦虑迸发出来：“好不好都要睡觉，明天也得去上学！”女儿并未反驳，乖乖地准备睡觉。

见女儿躺在床上许久仍在翻身，而我又要赶去接妻子，竟狠下心关了以往常明的夜灯。接妻子回来后，母亲对我说：“你走时孩子已睡，我进房间两次，她都安静地睡着。”（第二天才知，女儿并未睡着，还曾落泪。）

躺在床上我一直在思索，将一个未知的事物，想象得过于美好，算不算是一种手足无措的懦弱呢？我想好了对女儿这个问题的答案：“你当然不觉得了，因为小学生活还没有开始呀。”我在心里默念：不得怨孩子，不得冤孩子，不得远孩子。

老年人常思既往，少年常思将来，那么作为学生家长的中年人又会是怎样的光景呢？忆古、怀今、忧明，也许是一种普遍状态。

较之于其他家长，我在本校工作总会多些便利和优越感。驱车进校后我本想送女儿到教室，但她竟要一人前往，在宽慰自豪的同时开始欣慰女儿的自立。绕行到窗后，远远望见女儿放下书包，然后有序地上交开学的文书回执，陈老师还在她胸前的衣服上贴了一个小标签，定是怕这群欢快的孩子走错了教室或跑丢了队伍，以此来标记或呼喊，这也不失为良策。

周一的大课间是升旗仪式，刚从办公室走出来我就望见了女儿，她也在向我挥手，但身体姿态依然那么标准。走近了才看见，早晨八九点钟的太阳烘烤在七八岁孩子的身上，她早已是汗流浃背。

指挥好各班级入场就位，我不由自主地走到女儿旁边，期待着与她一起度过小学里的第一次升旗仪式。不经意间发现，我的出现为孩子遮挡了部分阳光，算是一种无意无声的关爱吧。

升旗仪式结束后我离校办事，远远望见在上体育课的女儿正在理着鬓角头发。离开校园，走得越远就越觉得急促，车速也不自觉地快了许多，顺道回家为女儿取了发夹。

回校后远望女儿，她正两臂交叉趴在桌上装着枕头和小毛毯的袋子上，疲态尽显。这一上午的活动量早已超过了往常全天的活动量，对于正在生病还未完全恢复的女儿来讲，是有些累了。

忽然，孩子们的疲惫被笔直的坐姿所代替，那场面就像一群正在休息的鼹鼠被哨兵唤醒一样。随着轻柔的口诀，孩子们开始校准坐姿，准备上课了！

第一顿午餐一定会给孩子们留下深刻的印象，人多桌长，没有了父母的唠叨和限制，有滋有味地嚼着放着各种调料的饭菜，开心极了！

放学时，刚上完课在外面张望的我，竟发现女儿已在办公桌旁摆弄起了一片硕大无比的黄褐色的落叶，开心地用这把“如意芭蕉扇”悠闲地扇着！我不禁在想，对于孩子的入学和成长，该适应的不仅仅是孩子，更是我们这些家长！

原本一直担心女儿的午睡问题，倒不是担心冷暖舒适与否，而是女儿一直没能养成午睡的习惯。上幼儿园期间，每天都是中午接回，下午再送去。到了小学估计她还要些时日才能形成习惯，适应学校生活。

前一天的午睡情况竟叫人欣喜，女儿自己说睡着一半醒一半。在漫长的一个多小时的时间里，这样的情况已算不错。今天已临近一点钟，心里正担心着女儿午睡的情况，她竟乐颠颠地跑进了我的办公室，虽然轻巧但速度着实不慢，原来是她在上厕所的路上捉到了一只蝴蝶。只见女儿一只手轻轻地握着蝴蝶，另一只手拿着妻子昨晚放进书包的纸巾。

虽然我和妻子平时不赞同女儿抓小动物，但到手的“宠物”是不可能轻易被她放掉的。我马上找来一个透明袋子，给蝴蝶安置了一个临时的居所。尔后嘱咐女儿马上去洗手如厕，又看着她从厕所里跑出欢快地走进教室。

站在走廊，忽然发现那洒满亮光的长廊此时愈发整洁宽敞。昨天拾到叶子，今天捉到蝴蝶，都是些令人开心的乐事。此刻我感觉到笑容又在我的脸上留下了幸福的印记。不禁暗叹，我在这校园里工作了四年，竟连一只蚂蚱也不曾捉到，更不用说翩翩起舞的蝴蝶了。

回家路上，女儿端详着蝴蝶，然后兴奋地指给我看：“爸爸，蝴蝶的翅膀上有爱心。”仔细一看，竟真的是爱心的形状，我又被上了一课！

初中露营

对于女儿来讲，刚刚升入初中就赶上学校传统的露营活动，这绝对是紧张的学习生活里最让人兴奋的校园盛事了。同学们可以游戏玩耍，各班级会表演文艺节目，学校里安排篝火晚会，这些元素组合在一起，毫无疑问就是孩子们眼里的开心和快乐了。

活动前一天放学时，女儿就满心欢喜和略带骄傲地对我说：“我是我们班的领唱。”我则习惯性地表扬：“大姑娘，你真棒！”当我得知女儿是在同学推举下担任领唱时，我更是为她这种荣辱与共和勇于担当的精神而骄傲。

今天午餐时间，她一边吃饭一边跟我商量，可否为同学打印班级合唱的歌词，以及如何排版便于读唱，怎样裁剪节省纸张。在得到我的同意和建议后，简单吃过午饭，她就抓紧时间着手操作。女儿自己下载的歌词，自己排版打印，自己裁剪纸张，临走时还不忘对我说声“谢谢”。这样的认真和用心，在老师随后公布的班级照片里，我再一次深深地感受到了。别人都在伏案休息，她依然拿着歌词，笔直地站在教室后面背记。心之所向，竟能废寝忘食，着实让中年“油腻”的爸爸汗颜，同时我更欣喜于从女儿的身上看到了自己年少时孜孜以求的身影。

对女儿的教育近乎焦虑的爱人，对学校如此重大的活动更是投入了全部精力。协调帐篷，准备洗漱用品，餐点，防寒、防雨、防蚊虫用品等。

今天更是早早到校，为担任班级领唱的女儿梳头擦脸，整理着装，总要把自己和班级最美好的一面呈现给全校师生。舞台上，孩子自信阳光，洒脱从容，这背后离不开爱人深沉的爱和付出啊。

班级集体演出之后，就是最令人开心的学生自主活动了。似乎很吓人的狼人杀，女儿讲起来头头是道，玩得更是不亦乐乎。提前和同学约好的讲鬼故事，真不知道是否会有人提到学习。火红的篝火，五彩的灯光，为孩子们编织了多么美好的七彩梦啊！

同样需要成长和锻炼的，还有我这样的家长。即便自己是本校老师，仍旧会在天还没亮时提前一个小时到学校等待活动结束。路上还在担心孩子的鼻炎是不是严重了，药物有没有按时服用，甚至埋怨自己忘带了爱人为孩子熬的姜汤。

这样的焦虑在见到女儿那一刻就全部消失。她不但已经自己将行李打包完毕，还与同学一起进行了健身晨跑。在我帮忙整理帐篷时，她更是做起了志愿者，带头清理班级营地的垃圾。这已然超出了校园里钉在墙上的行为规范的要求，早已升华了父母事无巨细的言传身教。

我想这就是爱吧！只有当人处于爱与被爱中时，我们才能感恩和付出，才能升华和创造。爱是教育，爱的教育！女儿这一站一蹲，真美！这一屈一伸，真棒！

告别往日

也许是杭州的这个夏天过于闷热，往年这个时候早已占领树梢的知了，竟也毫无声息。若不是曾偶然在河边的柳树上见到它们曾经蜕皮成型的蝉蜕，我竟就真的忽视了它们的生存规律。

尽管也曾听说过知了从蝉卵到羽化成蝉实属不易，但乍到江南时我也常会不经意地抱怨，它们吵醒了午后酣睡的我。只是没想到，而今我会在不经意间怀念那些曾经的吵闹。

仰望过眼云烟，俯瞰苍茫大地，我不禁扪心自问：是不是这匆匆的岁月改变了我们？只是我们需要去积聚，需要被唤醒，才会一步步激发新的生命能量。

一定是我的脑海中留有记忆黑洞，不然不会偶然间触碰最浓烈的思念。于是，我会在那样一个午后，独自一人踏上回乡的行程，回到那个让我魂牵梦绕的地方。

尽管在我的记忆里，我就十分敬畏这样的回乡探访。但我太想看一看，是什么让我思乡心切，又是什么让我泪眼蒙眬。只是不知为什么，坐在去机场的大巴上，我首先写下的竟是回不去的昨天！

麟园寻梦

记得许多年前，高中同学小解来杭州出差。当时大家都刚参加工作不久，又是离开麟园后的首次相聚，久未谋面自然少不了一番推杯换盏。酒过三巡，菜过五味，曾经的求学艰辛和同学趣事，自是徐徐道来、笑点频出。

突然，小解仔细打量了在我身旁作陪的爱人，略带语重心长地对我说："兄弟，你现在很美满，要好好珍惜。"总之，大有一番改过自新、好好做人的诫勉之意。以至于多少年后高中同学再次聚会，我们仍会以他当年的心直口快为话柄。

不过，倒也正是这样的谈资笑料时常提醒我，不能忘记那段过去。挫折坎坷也好，迷茫蹉跎也罢，都在那时那地发生又结束，循环往复在那段岁月里，直到有一天成为我们缅怀的芳华。

自古双城人杰地灵，百年麟园更是树人无数。这所以李兆麟将军命名的学校，作为黑龙江首批省重点中学之一，一直是双城乃至哈尔滨市一颗璀璨的教育明珠。这里的师生亲切地将自己的学校叫作麟园，并始终以能成为其中的一员为毕生荣耀。

遥想当年，我是那届初中四个班的学生中，唯一一个提前交卷并考上了兆麟中学的公费生。我的语文和数学成绩都是全校最好的，化学考试时我还提前半个小时交卷，然后在校园里谈笑风生。好一个年少轻狂和春风得意。

然而到了学业紧张和人才济济的高中，我似乎就开始诸多不顺，这些不顺转而被无限放大为各种缺憾，如新生报到时遇到学校额外收费的窘况，分发新书时会发生全班三分之二的人没有教材的尴尬。随后，大家“鸭子听雷”般上了一个月的外语课。

记得娇小的外语汪老师，虽然始终保持优雅的微笑，但在一个近60人的大教室里，总感觉她缺乏些教学吸引力和课堂驾驭能力。而很荣幸坐在最后一排的我，注意力常会随着座椅上越翘越高的屁股逐步飘散到九霄云外。

最富有诗书气息的是我们理科班的关老师。他那儒雅的外表，富有磁性的声音，以及偶尔散发出的烟酒气，为我们当时的语文学习平添了一些乐趣。“关关雎鸠，在河之洲”，时至今日我都能在脑海中重现他在午后的语文课上，用略带慵懒而又稍显平缓的诵读，将一颗颗年轻躁动的心带入心静如水的语文世界。

最难忘的还是我的高三班主任，最牛的物理王老师。“全世界会这道题的只有两个人，其中只有我会讲！”就凭着这样的牛气、底气和脾气，他把我们高三（7）班的37位学生都送进了大学，他自己也从黑龙江被挖到了天津南开中学。“关于这道题，所有的参考书都错了！”还是凭借这样的牛气、霸气和志气，他发表了三十多篇论文，出版了五本专著，成为在全国具有广泛影响力的学科专家！

而今，21年后再次回到这里，早已物是人非。学校传达室的大爷听明来意，热情地接待了我。听闻我是麟园老校区最后一批毕业生，他还关切地询问我是否有同学聚会安排，以便更好地接待。

尽管当年的教学楼拆除了，曾经走过的路也砌上了球台，但李兆麟将军的塑像还矗立着，注视着每一位来这里寻梦的麟园学子。虽然曾经挥洒汗水的煤渣跑道已经变为更加坚实的混凝土跑道，但我仍记得当年那个在跑道上追赶夕阳的少年曾说过："你要永远记得为什么是你，在这条跑道上拼命追赶、奋力奔跑。"

我突然明白了，我为什么要再回到这里，要再次走在这条没有标识的跑道上。

浮生半世

回想半生，我一定与求学读书有缘，否则不会一直以此为乐；我也一定与学校教育有约，否则也不会把自己留在校园。两耳不闻窗外事，一心只读圣贤书。圣人训，君子言，让我受益匪浅。

在城市中奔波太久，见惯了行色匆匆的陌生人。以至于无数次的摩肩接踵，无数次的擦肩而过，也没能让我对这座城市和周围的人群，有太多的熟悉和温暖。于是，我开始怀念乡间的小路，那条路上曾经留下父亲赶车的身影。我坐在装着玉米的牛车上，父亲背着手悠闲地走在前面。夕阳印下的所有影像，都在牛车的吱吱呀呀伴奏下被拉长。这样的恬静，总能带给我内心的安宁。所以，我总会将这样的儿时记忆写在纸上，也常会在这样的田园梦境里流连忘返。

我也怀念初中校园里那棵不知名的大树，听说它在某个风雨交加的夜晚倒地不起。要知道那是一棵在大平原上少见的参天大树，枝繁叶茂又枝干清奇。原以为它会被新的景致取代，直到消失得无影无踪。也许它还会出现在那些曾经在树下流连的人们的回忆里，或者出现在某个午后咖啡桌上的旧照片上。然而，出人意料的是它竟然再次落地生根，以近乎匍匐的姿态顺势重生，成为这所校园里最让人称奇的景观。

当我穿过熙熙攘攘的人群，远离城市的喧嚣浮躁，再次行走在曾经熟悉的路上，竟然萌生出一种不可名状的庄严肃穆感，一种对生命的尊重和对自然的敬畏感。

尽管各种插曲打乱按部就班的生活，但此行总算让我在十年后，再次靠近故乡和梦想中的田园。临行那一刻，我看到了自己对这片土地的无限眷恋。

前桌的你

记得某位朋友曾讲起，已经读高中的儿子对自己生二胎的“硬”要求是：“如果生个妹妹倒是还好，如果生个弟弟就把他扔出去。”

这当然是童言无忌的玩笑话罢了，但为什么一定要个妹妹而不要弟弟呢？我们那个年代的孩子也会有类似这样天真的想法，这些想法常常会在同学交往中演化。特别是那些稍有自我意识的懵懂少年，更是会在比较亲密的异性同学中，在彼此欣赏的前提下，私下认个哥哥、姐姐、弟弟或妹妹。

这样的交往方式，会在传统意义的知己之交上附以亲情色彩，与时俱进而又不失体统。我也曾有这样的姐姐和妹妹，她们都曾在我的工作学习中出现，并给我支持和温暖。初中时的姐姐，常会把她的外语练习卷给我，因为我这马大哈式的弟弟总是丢三落四。高中时的妹妹，经常会在我迷茫困顿时开导我，甚至大学毕业走上工作岗位后，她也鼓励我继续求学。工作中的妹妹，会在我手术住院后前来探望，简单的交流给了我格外多的亲情温暖。

最特别的还是初中时坐在我前面的“小姐姐”，这三个当下比较时髦的文字，曾经被我写在当年送给她的日记本扉页上。在初三复习阶段，她的帮助让我少挨了外语老师几次批评，从而满怀信心地跟上了中考备考节奏。但不知道是什么缘故，她的求学经历停止在初中毕业。

再次得到她的消息和取得联系，已经是二十年后。她还是那样大方爽朗，古道热肠。听闻我回来探亲，又有停留下来游玩的计划，她便邀请了三五个同学，一定要我回城聚聚。

于是我的脑海里又多了一份温暖的双城记忆。在那个寒冷的冬日早晨，我们在一起吃着热气腾腾的早餐，略有生疏地交谈着。那一个小时的停留，让我这趟回乡的旅程更加圆满。

此番回乡再聚，这位初中时的“小姐姐”让一直在外地生活的我，感受到了足够多的温暖。她先是大方地将自家的新车借给我开回老家，然后夫妻二人又热情地邀请同学作陪请我吃饭，更是抽出时间带我游览家乡新貌和传统景致。

我突然发现，正是这些求学时经常被忽视的同学，活成了大写的人，展现着鲜活的灵魂。倒是我们这些曾以为紧跟时代步伐，一步步奔前程的人，不断积聚着苦闷和压抑。太坎坷的道路，太艰辛的努力，让我们在取得成功的同时也有太多的焦虑。

记得那天席间我喝多时曾跟姐姐讲：“我以后都不敢再叫你小姐姐了，因为怕把你叫老了，我就叫你亲姐吧。”我心里明白，离家多年，我还能有这样的礼遇，我们之间的关系早已超过了普通至亲。

感谢前桌的你，我的亲姐。

“那时候天总是很蓝，日子总过得太慢，总以为毕业遥遥无期，转眼就各奔东西”“谁娶了多愁善感的你，谁安慰爱哭的你，谁把你的长发盘起，谁给你做的嫁衣……”

致同学会

一定是相聚太淡而离别太咸，所以从分开的那一刻起，我们就渴望着用再次相聚冲淡离别的苦涩！一定是相聚太短而离别太长，所以相聚成为项链上的一颗颗珍珠，而离别却不可避免地成为线！

可惜，我用太长的时间期盼相聚，却没来得及思考分离，于是我不敢看你送别的眼，怕泪水决堤！还好，我们都相信相聚是离别的“中继”，离别是相聚的前提。我们也知道相聚总会分离，分离也许还会相聚。

大学毕业时，我们意气风发，踌躇满志，甚至都没来得及道别，便踏上了各自的征程，去放飞理想，去播种希望。而这匆匆的一别，竟是十年。

这十年，每当我们在梦中重回齐大，典雅的主楼、黄色的体育楼、二舍等标志性建筑都格外清晰，用尽蛮力的体操课、寒冷刺骨的速滑课、挥汗如雨的篮球课场景都会突然闪现。不由得感慨，四季皆宜的冷水浴充分地展示着我们的冷酷洒脱，喝着免费的啤酒吃着烧烤和火锅，肆意地挥霍着我们的胃液胆汁。而在充满欢声笑语的公共课回忆里流连忘返时，才真正地意识到是这些画面组成了我们一生中最美好的回忆。

当得知二舍被扒了、体育楼没了、体育学院迁走了时，我们在为学校的发展感到欣喜之余，多少还有一些失落和遗憾。

于是，我们开始怀念校园的美。参天古木成就了最诗意的花前月下，围墙破洞开辟了最便捷的交通要道。于是，我们开始回忆老师的好。“四大名捕”的传说让我们真正地意识到齐老师的责任感，“丁是丁、卯是卯”的故事让我们真切地感受到体育系老师的幽默风趣。于是，我们开始眷恋同学的情。“同桌的你”是否像我们祝福的那样“过得比我好”，“睡在我上铺的兄弟”是否改变了乡音，“一个字好死”还好不好使？

正是这校园的美、老师的好、同学的情，让我们将一个做了十年的梦变成现实。距离隔不断的永远是我们的师生情，时间冲不淡的永远是我们的同窗谊。今天，我们相聚鹤城，重回齐大，再续前缘。让我们举杯，让我们庆贺，让我们欢腾。

干杯，朋友！因事无法到场，我只能遥祝你们聚会愉快！

（2011年7月21日，大学同学聚会，因故未能参加，有感而作）

宿醉的酒

分离近二十年，不同的境遇，不同的过往，唯有真情在。相聚忆往昔，相谈话别离，不说长短，不说悲喜，今夕胜往昔。曾叹少年志，曾怜寸草心，不念过往，只争朝夕。

下午连续上了四节课，虽然自我感觉良好，但工作的劳累如同刺骨的北风，总让人脚底发凉而步履沉重。幸得有贤淑的爱人，让我一回到家就闻到了汤的浓香和菜的清爽，快步到街口的小店沽酒而归，一杯“鉴湖水”由内而外洗去疲惫。

不经意间的宿醉，竟让往事又开始蔓延。是啊，我太想你了——那个让我魂牵梦绕的地方，我已记不清多少次在梦里走在那条回家的林荫道上。夕阳西下，我满载希望而归，走过水泥管铺成的简易小桥，走在那雨后泥泞的村间小道上。闭上眼睛我仍能看到绚烂的晚霞，仍能感受到微风拂面。只是睁开眼，我只顾沉浸在儿时的幸福梦里，这梦里的我却开始思念从前。

我知道我也是太想念你们了，想念我们曾朝夕相处的那个地方，只是同窗四年如白驹过隙一般。于是我一直在设计与你们的相见，我们应该像当年那样一醉方休，我们甚至应该再像当年一样大声欢笑。可惜我用了太多的心思去想念和设计，直到再见到你们才发现，我们都已回不到从前，甚至我们都无法把握现在。于是我举杯喝酒，只是那耀眼的霓虹灯和震耳的舞曲在提醒我，我们的青春已经永远不在了！

那一晚我们都喝多了，但直到我昏昏沉沉地在姑姑家睡去，我仍能清醒地感受到我们对彼此的挂念和相聚的未尽兴。于是我开始明白，我们就留住那时的美好，那份美好不可复制，我们也好像从未分离。寒假将至，昨夜我的梦里竟下起了北方的雪，到处开阔明亮，只是我泪眼蒙眬，不敢确认在那个路口等待我的是否是你们——我那些一路走来的同学们！

根的思恋

“凡是奔波者，皆是苦命人。”我记住了大伯的这句话，因为他就是奔波者的写照。尽管在别人眼里他是出类拔萃的，甚至是超凡脱俗的。但这一句话让我相信，从没有人可以随便成功，也不是每一个成功的人都会有平常的快乐。

奔波的人，本就不敢做梦。可偏偏就是因为有梦，人们才走向一段段奔波的路程。我们都见过不顾及交通信号甚至自己的生命，而奔向下一个路口的人。在我们感慨，甚至抱怨这样的行为时，我们自己何尝不也是这样疲于奔命?!

于是，我开始怀念曾经充满期待和梦想的生活，怀念那些阳光灿烂的日子，以及我们这一代人走过的平凡之路。

小学时，寒假过后的初春最是快乐。我总喜欢在上学路上踩着土路车辙里的薄冰，咔嚓咔嚓的声音，仿佛是春的脚步，一路走来田野就绿了。瑞雪兆丰年，那是春的期盼。

初中时，暑假过后的金秋最是快乐。迎着晨曦和晚霞骑着自行车飞奔，听着风吹麦浪的沙沙声，看着远处的袅袅炊烟，那熟悉的青草气息会带给我心神的安宁。金秋十月，那是收获的喜悦。

然而，成熟就意味着分别。无论是花开娇艳，还是果坠枝头，都是最个性的存在。当我们终于成为想象中的自己，这何尝不是一场华丽的告别。我们盼望着每一季的丰收，甚至不惜摧毁果实所在的根株；我们贪恋着每一年的色彩，甚至折断尚有余绿的树枝。这何尝不也是一种虚伪的热爱。

当我无数次在睡梦里回到故乡的老屋，走在儿时玩耍的乡间小路上，总会看到灿烂的阳光透过杨树叶子，铺满我走过或停留的每一个地方。我知道这是根的记忆在拯救我无尽的乡愁和刻骨的思念。

模糊中，我看见了那个翩翩少年！